A-Z ST

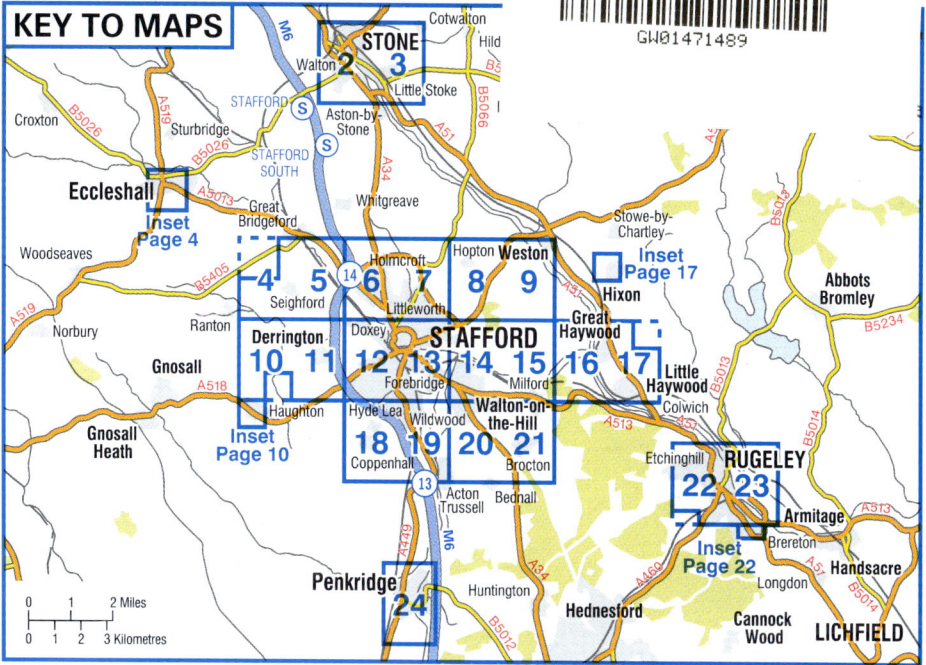

KEY TO MAPS

Reference

Motorway	**M6**	
A Road	**A513**	
Proposed		
B Road	**B5066**	
Dual Carriageway		
One Way Street Traffic flow on A roads is indicated by a heavy line on the driver's left.		
Pedestrianized Road		
Track		
Footpath		
Residential Walkway		

Railway	Level Crossing	Station
Built Up Area		
Local Authority Boundary		
Postcode Boundary		
Map Continuation		8
Car Park Selected		P
Church or Chapel		†
Fire Station		
Hospital		H
House Numbers A & B Roads only		17 / 54
Information Centre		i
National Grid Reference		325

Police Station	▲
Post Office	★
Toilet with facilities for the Disabled	▽
Educational Establishment	
Hospital or Health Centre	
Industrial Building	
Leisure or Recreational Facility	
Place of Interest	
Public Building	
Shopping Centre or Market	
Other Selected Buildings	

Scale 1:15,840

4 inches (10.16 cm) to 1 mile
6.31cm to 1kilometre

Geographers' A-Z Map Company Limited

Head Office :
Fairfield Road, Borough Green, Sevenoaks, Kent TN15 8PP
Tel: 01732 781000

Showrooms :
44 Gray's Inn Road, London WC1X 8HX
Tel: 020 7440 9500

Grid references

A B C D (top and bottom)

1 2 3 4 5 6 (side)

335 · 89 · 390 · 34 · 33 · 32

Map labels

Common Plot

Alleynes Sports Cen. Playing Fields

NICHOLL'S

Stonefield

Melbourne House

MOUNT INDUSTRIAL ESTATE

Oultoncross

Airdale Gro. Spin. AIRDALE

Old Weir

Coppice Wood

Coppice Mill

Rec. Grd.

Alleyne's High Sch.

Prince's St.

York St.

Queen's Square

Playing Field

A520 LONGTON

Works

Whitebridge

Works

CHESTNUT GRO.

KENT GRO.

MEAFORD AV.

BERKELEY AV.

MOUNT CR.

MOUNT

AVENUE

Mill-Race Lane

Goat Lane

The Mill Farm

NEWCASTLE THE A34

Sidings

CANAL SIDE

Whitebridge I.A. Ind. Est.

Stone

CANAL SIDE ROAD

STATION APP.

STATION ROAD

Youth Centre

MEAKIN HO.

Weir

TUNLEY'S DR.

TRINITY DR.

KING'S

ALMA ST.

NORTH ST.

ARTHUR ST.

VICTORIA ST.

ALEXANDER ST.

VICTOR ST.

CROSS ST.

LOTUS ST.

OLD RD. CL.

FIELD TER.

STONEFIELD CL.

Hall

Radford Cl.

The Avenue

Corn Mill

The Mill Farm

Coppice Gdns.

HILL

TRENT

RIVER

TRENT & MERSEY CANAL

Towing Path

Trent Wood

Works

Works

LIMEDALE CT.

Stonefield Mews

STATION RD.

B5027 RD. NEWCASTLE ST.

Sch.

Sch.

GRIVLEA

RADFORD STREET

VICTORIA SQ.

GRANVILLE

CHRISTCHURCH WY.

BROMFIELD CL.

MARGT.

CROWN

Red Lion Cl.

St. MICHAEL'S

THE BELFRIES

CHURCH

ST. GEORGE'S R.

CEDAR PARK

Old Rectory

CEMETERY

TRENT LANE

YARNFIELD

STONE GOLF COURSE

New House

Tennis Courts

Fillybrook Bridge

STONE

Works

Clinic

Bowl. Grn.

Workhouse Bridge

LICHFIELD ST.

Scotch Brook

Abbey

The Moorings

PRIORY

OAK RD.

ASH RD.

CROWN'S

THE CHASE

ALTONA HOLLIES

CEDAR DR.

Cricket Grd.

Pavs.

Filly Brook

FILLYBROOKS

GROVE ROW

WOODLANDS

ST. VINCENT

WOODLANDS CL.

FIELD

BROOK'S

CHURCHILL RD.

LONGE'S

WHITEMILL

STAFFORD ROAD

A520

Walton Bridge

Westbridge Park

Sewage Pumping Station

SYCAMORE

CROW'S NEST

GOMER ST.

DE WINT

Walton

Manor Hill First Sch.

Comm. Cen.

Playground

POPLAR

WALTON

LAMB CL.

ERN...

FRANCIS ST.

ALD...

CLINTON

AUSTIN

Walton Grange

SUNNINGDALE

FORD CL.

Tannery Wk.

MAPLE

GREENWAY

BEDFORD DR.

RISE DRIVE

REDWOOD

Walton Hill House

LONGHOPE DR.

Longhope

MILL LANE

ROOKS ROAD

Pirehill First Sch.

Sports Ground

VALLEY ROAD

HEATHCOTE RD.

FRIARS

A34 STAFFORD ROAD

Micklow House Farm

Micklow Bungalow

ECCLESHALL

B5026

BANK SIDE

FOXWOOD

CRESTWOOD

LANSDOWNE DR.

MARLBOROUGH DR.

Walton Heath

CROFT RD.

MEADOW WAY

STUART

Walton Priory Middle Sch.

Warehouse

Walton Industrial Estate

BEACON

HILL

SPRING

BROOMS ROAD

Depot

Brooms Park Caravan Park

Brooms Farm

Stone Business Park

PIREHILL LANE

CHERRY TREE CL.

WALTON IND. EST.

Warehouses

Sewage Works

WAY

Stone Enterprise Centre

EMERALD WY.

DIAMOND

RIVER TRENT & MERSEY

Oak Farm

Walton House Farm

Walton Heath Farm

Heather Lea

Mill

The Hayes House

Weirs

Cotwalton Drumble

Weir

Cotwalton Drumble

ROAD

Stonepark

ST15

Astonlodge Farm

LANE

LANE

Cotwalton

Pear Tree Farm

Manor Farm

Home Farm

Woodlands

Old Mill Race

Weir

Weir

1

2

34

Holly Wood

3

Lodge Plantation

Hollywood Cottage

Holly Wood

UTTOXETER ROAD

B5027

4

33

Newman

Aston Chase

Clark

Ambleside

Pearson

Kingsland

Innes

Saddler

Derwent Av.

Ullswater Dr.

Conn.

Stubbs

Phillips Cl.

Lander

Kingsland Rd.

Augustine Cl.

Pembroke Dr.

Bowers Cl.

Staines Ct.

Springwood

Cooper Ct.

Haddon Cl.

Lacroft

Mercer

Grammar

Sheridan

George La

Farrer Cl.

Blackies

Redlands

Avenue

Hilton

Johnson

Black Meadow La

Oakleigh

Oak Cl.

Aston Lea Av.

St. Michael's Wy.

Griffiths

Lyndhurst

Lea Rd.

Mt. Pleasant

Pav.

Cricket Ground

5

Little Stoke

B5027

Fallowfield Cl.

Thomas

Meadow

Shard

Low Cl.

Waterside Ct.

Wesley Dr.

Meakin

Moore Cl.

Simeon

Hathersage

Taverners Dr.

Drive

Meadow

Kensington

Saxifrage

Rose

Bostock

The Orange Hayes

6

32

TRENT

Towing Path

works

idge

ery

A51

ROAD

BUTTERHILL

BANK

Aston Mill Farm

Forge Farm

Aston House

Aston Bridge

Aston Lock

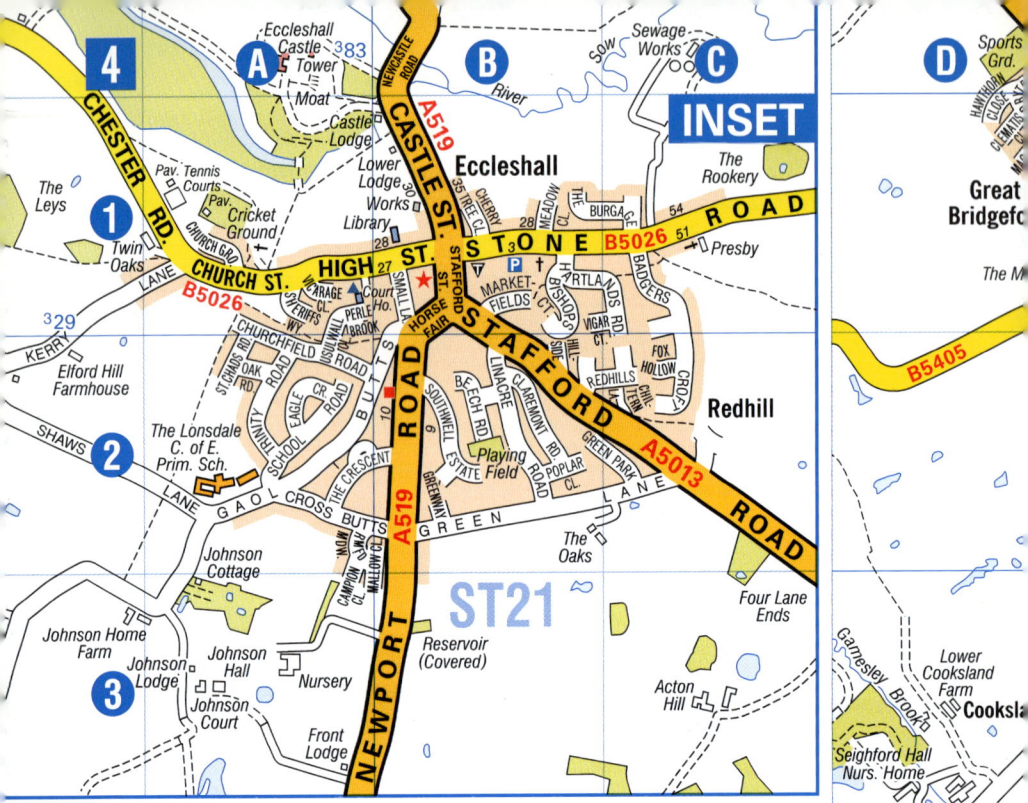

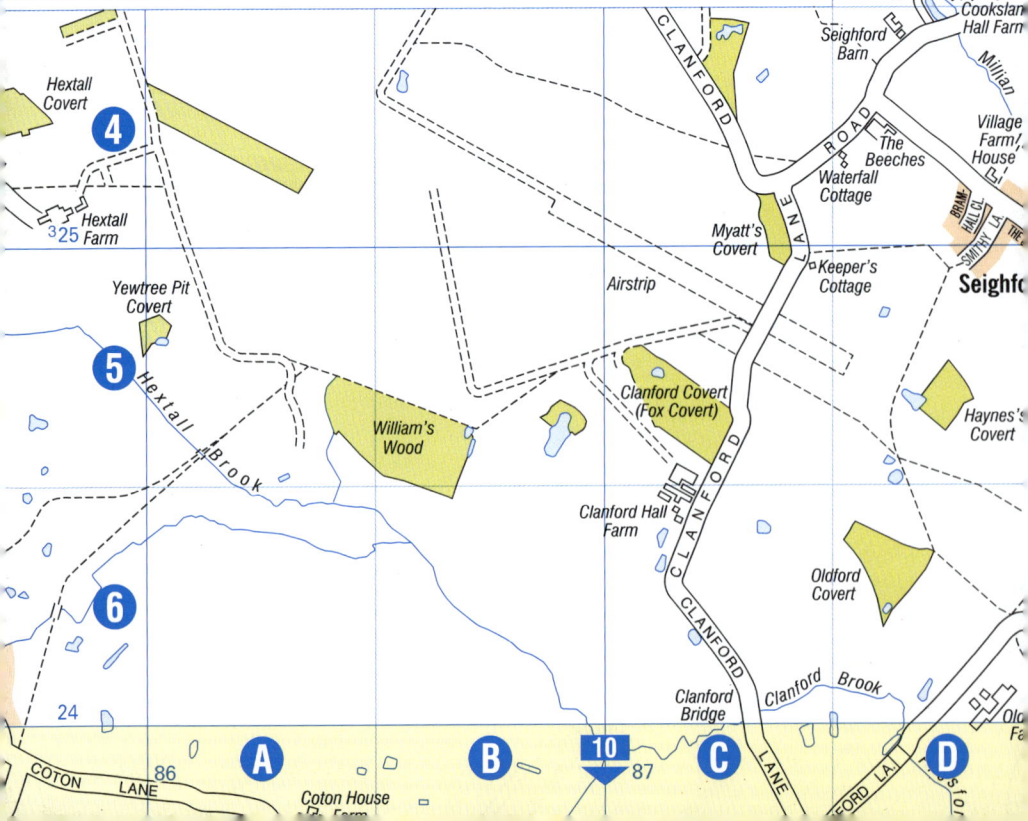

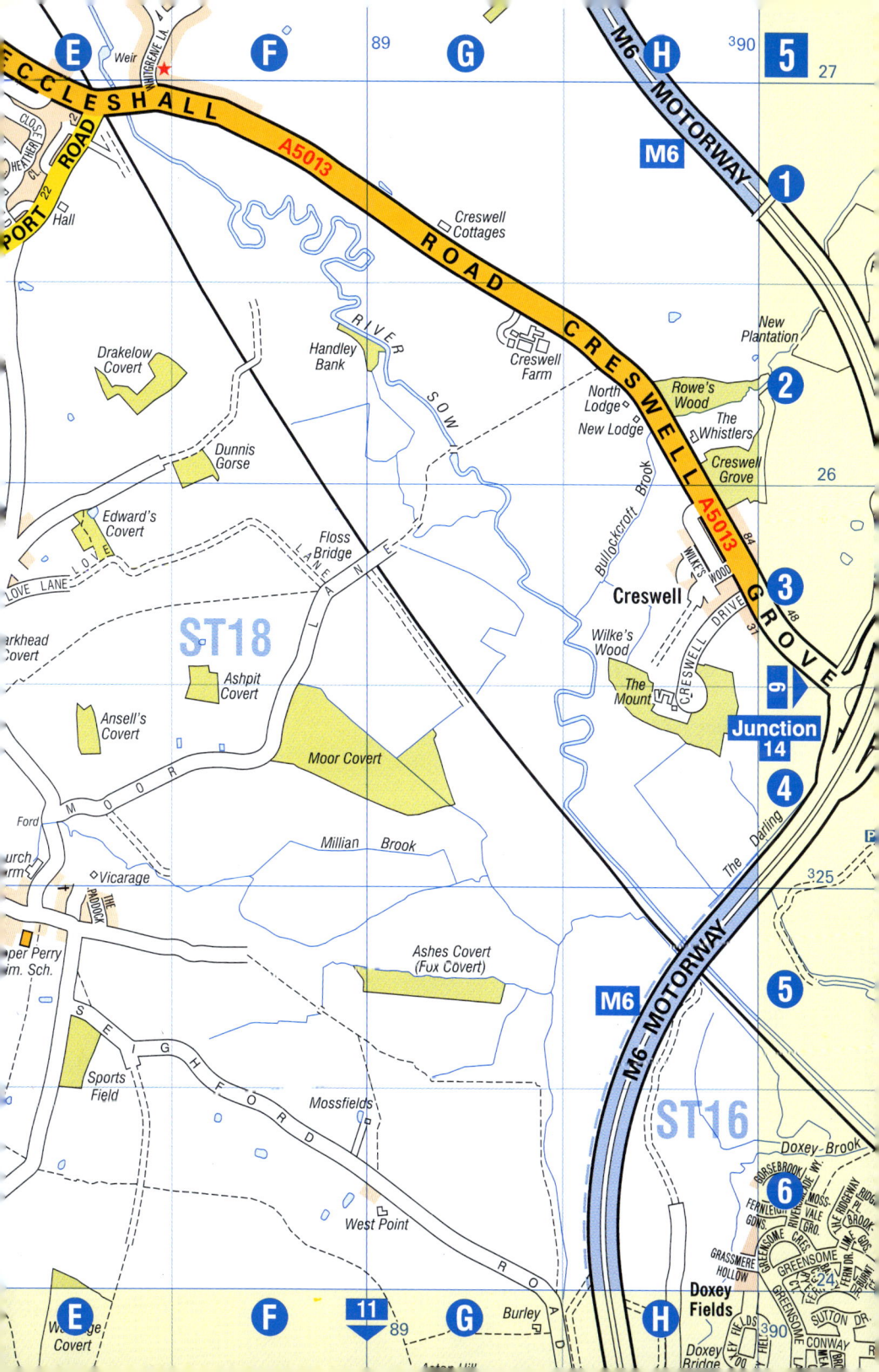

ECCLESHALL

WHITGREAVE LA.

Weir

A5013

PORT ROAD

ROAD

CLOSE

HEATHER CT

22

Hall

M6 MOTORWAY

M6

1

Creswell
Cottages

CRESWELL

RIVER SOW

Handley
Bank

Creswell
Farm

New
Plantation

2

Drakelow
Covert

North
Lodge
New Lodge

Rowe's
Wood

The
Whistlers

Creswell
Grove

26

Dunnis
Gorse

Bullockcroft Brook

A5013

84

Edward's
Covert

Floss
Bridge

WILKE'S WOOD

Creswell

3

LOVE LANE

ST18

LANE

Creswell

48

Parkhead
Covert

Ashpit
Covert

Wilke's
Wood

CRESWELL DRIVE

31

GROVE

6

Junction
14

Ansell's
Covert

The
Mount

MOOR

Moor Covert

4

Ford

Millian Brook

The Darling

Church
Farm

Vicarage

325

THE PADDOCK

Upper Perry
Prim. Sch.

Ashes Covert
(Fux Covert)

M6 MOTORWAY

5

SEIGHFORD

Sports
Field

Mossfields

ST16

Doxey Brook

GORSEBROOK

6

FERNLEIGH
GDNS

RIVERSIDE WY.

MOSS.
VALE GRO.

RIDGEWAY

BROOK

West Point

ROAD

GRASSMERE
HOLLOW

GREENSOME CRES.

GREENSOME

FERN DR. LINK

24

Doxey
Fields

SUTTON DR.

CONWAY

Doxey
Bridge

Weslage
Covert

Burley

LEDS

390

E   F   11   89   G   H   Doxey

390 27   **A**   **B**   91   **C**   **D**

West View

Redhill Farm

Marstongate Farm

1 M6

New Plantation

Little Gorse

Redhill Cottages

A34 STONE ROAD

Sleeper Spinney

2

Rowe's Wood

The Whistlers

Creswell Grove

New Plantation

M6 MOTORWAY

Cresswell Home Farm

Round Spinney

Trinity Fields

A513

BEACONSIDE

26.

CRESWELL

A34

Alder Shaw

Amblefield Wy.

Lawnsfield Walk

Buckland Rd.

Ulden Aldbury

Felden Cl.

Ashridge

Pitstone

Wayfield Dr.

Felpel Cl.

Rambleford Wy.

Bracken Cl.

3 Creswell

GROVE

A5013

Kennedy Wy.

Berry

School

Open Air Theatre

Parkside Shop. Cen.

Parkside Prim. Sch.

Sir Graham Balfour High School

Parkside

Ten. Cts.

Shaw Cl.

Fairoak

5

Junction 14

4

The Darling

Dearnsdale Cl.

Harcourt Way

Hurlington Rd.

Gouge Cl.

Crispin Cl.

Woodlands Cl.

Broughton

Playing Fields

Ten. Ct. Pav.

Youth Cen.

Holmcroft

AVENUE

376

Sayers Road

Craddock Rd.

Gordon Av.

Hawke Rd.

Clare Rd.

NORTH

MOORFIELDS

Creswell Manor

M6 P

Loynton

Apley Av.

Hartwell

Sheldon Dr. Promstead

Chesney Cl. Stretton Av. Dutton

Simpson Cl.

Brisbane

Burgham Rd.

Playing Flds.

Tennis Cts.

Comm. Cen. Liby.

Young St.

Walden Av.

Beechway

Glebe

Charles Cotton

John Donne St.

Stone Flats

Commonside

CO-OPERATIVE

ECCLESHALL

377

307

326

DRIVE LANE

WASH

Warrens

Pultene

Wood Cr.

Holmcroft Bramall

Creswell Ct. Bramall

Tillington Manor Prim. Sch.

Pitt Street

Charles Cotton St.

John Donne St.

Izak Walton

154

171

5

The Darling

Boundary Pool

Brooklands School

A5013

Tillington Drain

Tillington

195

162

GREY FRIARS ROAD

War Mem.

Cemetery

Shallowford Mews

Betty Hatch

ST16

6

Doxey Brook

Gorsebrook Leys

Fernleigh Gdns.

Moss. Cl.

Ridgeway

Riversmeade Wy.

Brook

Greensome Cres.

Grassmere Hollow

Greensome

Coventry Cl.

Doxey Marshes Nature Reserve

Doxey Marshes Nature Trail

RIVER SOW

Greyfriars Business Park

Warehouses

24 390

Doxey Fields

Doxey Bridge

A

Conway Rd.

B Doxey

Playing Field

Holbeach

Cheyne

12 91

C

Greyfriars Business Park

Bowling Alley

D

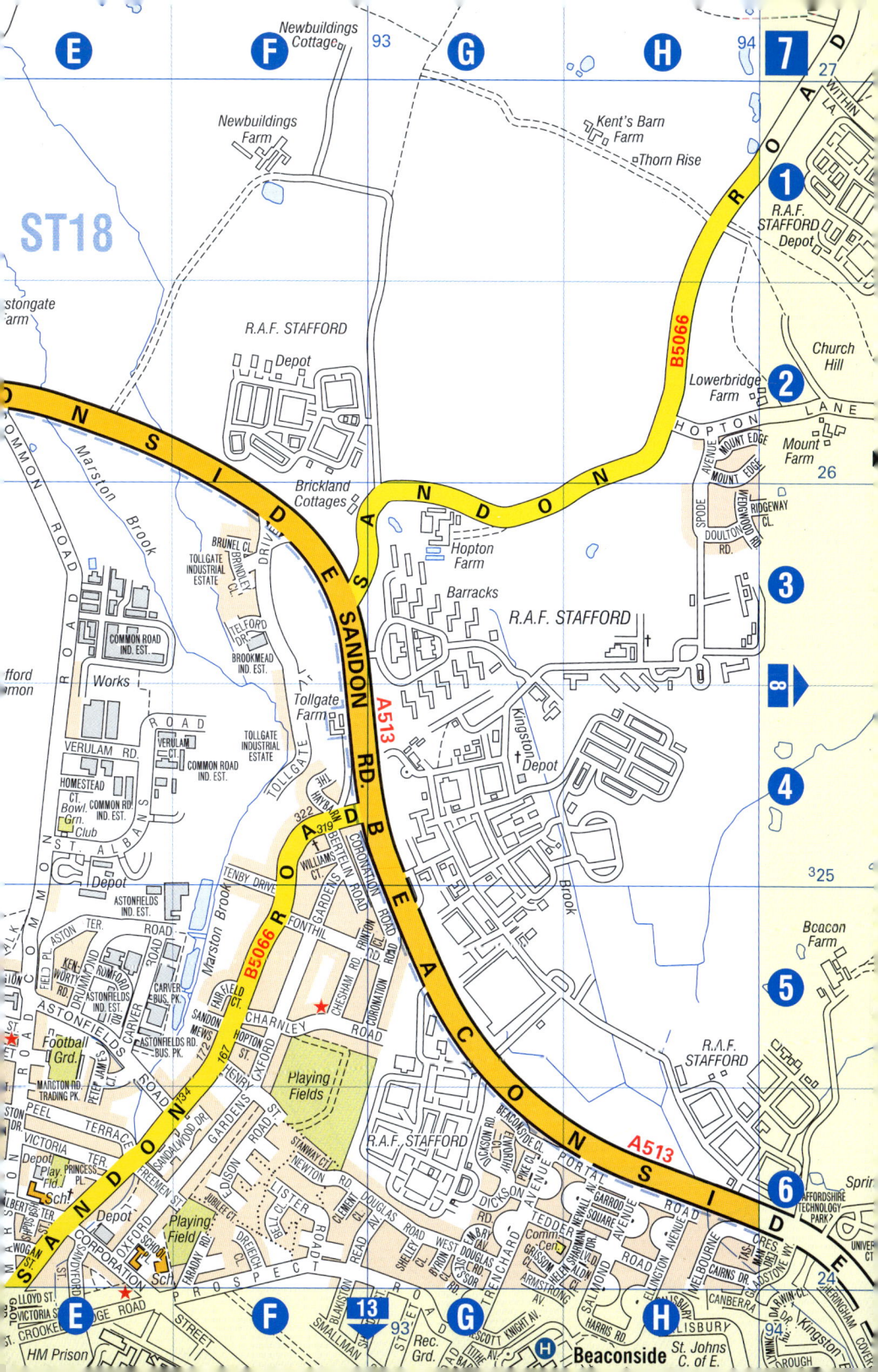

ST18

Newbuildings Farm

Newbuildings Cottage

Kent's Barn Farm
Thorn Rise

R.A.F. STAFFORD

Depot

1
R.A.F. STAFFORD Depot

WITHIN LA

stongate arm

ffordcommon

R.A.F. STAFFORD
Depot

Brickland Cottages

Hopton Farm

Barracks

R.A.F. STAFFORD

Church Hill

Lowerbridge Farm   2

HOPTON   LANE

Mount Edge   Mount Farm   26

AVENUE   MOUNT EDGE

SPODE   Ridgeway CL.

DOULTON RD.   WEDGWOOD RD.   CL.

3

8

4

3 25

MARSTON ROAD

Marston Brook

COMMON ROAD

COMMON ROAD IND. EST.

Works

VERULAM RD.   VERULAM CT.

HOMESTEAD CT.   COMMON RD. IND. EST.

Bowl. Grn.   Club

Depot

BRUNEL CL.   BRINDLEY CL.

Tollgate Industrial Estate

TELFORD DR.

BROOKMEAD IND. EST.

SANDON   DRIVE

Tollgate Farm

TOLLGATE

Tollgate Industrial Estate

SANDON RD.   A513

Hopton Farm

Kingston   Depot

Brook

R.A.F. STAFFORD

Beacon Farm

5

ROAD

ST ALBANS

Depot

ASTONFIELDS IND. EST.

322
319

THE   HAYWAY

WILLIAMS CT.

BERTELIN GARDENS

BERTELIN   DRIVE

FONTHILL

CORONATION ROAD

FRINTON ROAD

TENBY DRIVE

Marston Brook

ASTON TER.   DRUMMOND RD.   ROMFORD RD.   KEN-WORTHY RD.

CARVER   ASTONFIELDS IND. EST.

PETER JAMES PL.   CARVER   ASTONFIELDS BUS. PK.

Carver Bus. Pk.

SANDON   MEWS.   FAIRFIELD CT.

CHARNLEY   172   HOPTON ST.   167

HENRY ST.

Playing Fields

CHESHAM ROAD   CORONATION ROAD

R.A.F. STAFFORD

FIELD PL.   ASTON TER.

FOOTBALL Grd.

MARSTON RD. TRADING PK.

PEEL TER.

VICTORIA   Depot   Play

PRINCESS   Sch.

ALBERT ST.   ST.

WOGAN ST.

A513

BEACONSIDE   ROAD

BEACONSIDE CL.   PORTAL

DICKSON RD.

Beaconside Avenue

Commerce Cen.

SANDALWOOD DR.

STANWAY CL.

NEWTON   R.A.F. STAFFORD

TEDDER AV.

DOUGLAS ROAD

CLEMENS RD.   SHELLEY   AV.

DIXON ST.   JUBILEE CT.   BELL CT.   DERLICH ST.

GARDENS ROAD

PROSPECT   LISTER ROAD   GARDENS ROAD

FREEMEN ST.   FARRAM RD.   Sch.

Playing Field   Sch.

CORPORATION

Depot   OXFORD   Sch.

BAKER RD.   DAVY ST.   WEST DOUGLAS   CRO ST.

GRISSOM   HUBBOLD RD.

ARMSTRONG RD.

SALMOND   GARROD ROAD

NEWALL   SQUARE   AV.

ELLINGTON   AVENUE

CAIRNS DR.   MELBOURNE ROAD

Staffordshire Technology Park   6

Sprir

UNIVER CT.

TRENCHARD   HARRIS RD.

CANBERRA   SALISBURY

St Johns C. of E.

24

Beaconside

HM Prison

LLOYD ST.   VICTORIA RD.   CROOKED   BRIDGE ROAD   STREET   SMALLMAN ST.   Rec. Grd.

PRESCOTT KNIGHT AV.

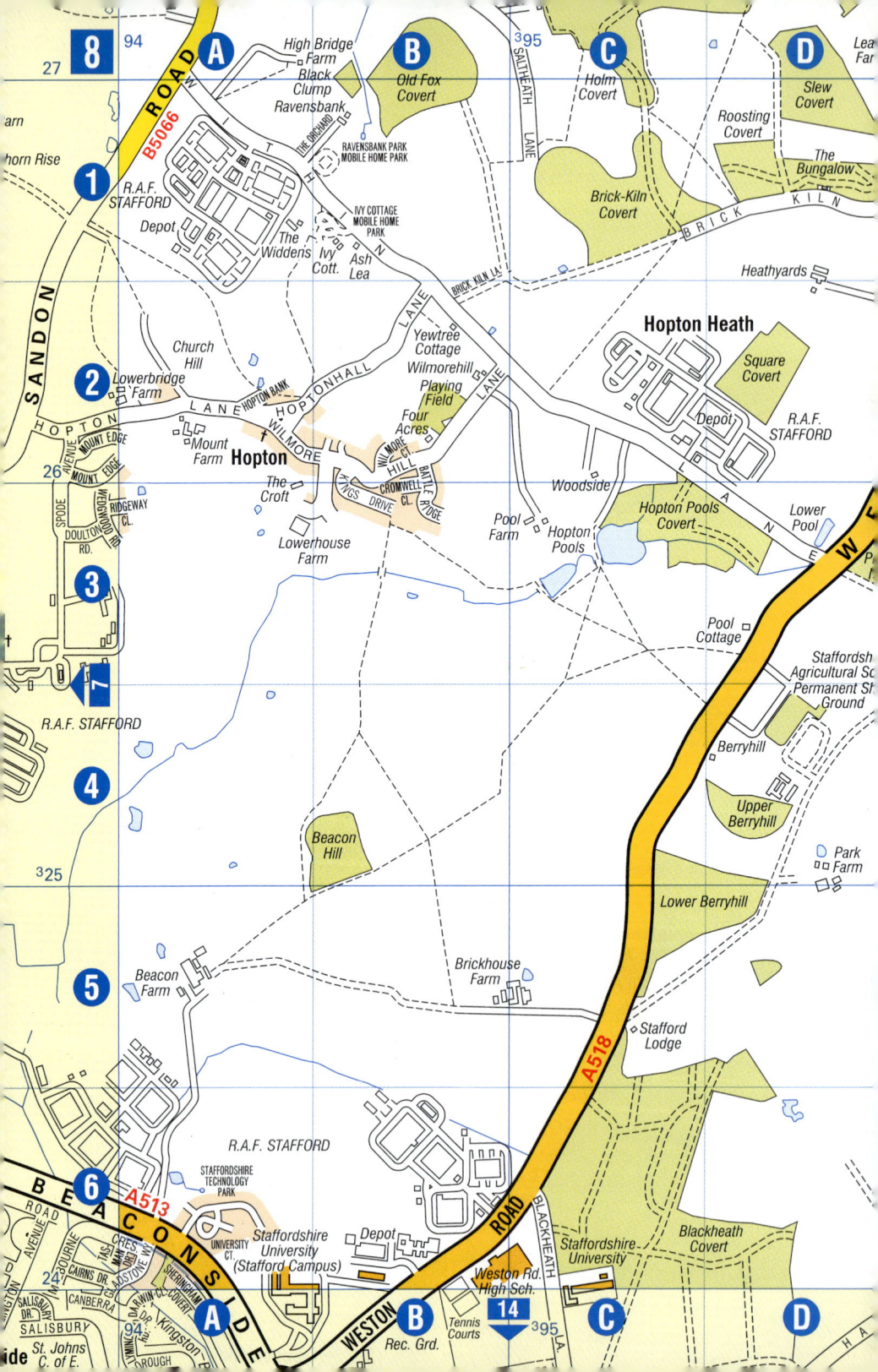

27 94
395
SALTHEATH LANE

A
ROAD
B5066
R.A.F. STAFFORD
Depot
The Widdens
Ivy Cott.
Ash Lea

High Bridge Farm
Black Clump
Ravensbank
The Orchard
RAVENSBANK PARK MOBILE HOME PARK
IVY COTTAGE MOBILE HOME PARK

B
Old Fox Covert

C
Holm Covert

D
Slew Covert
Lea Far
Roosting Covert
The Bungalow

Brick-Kiln Covert
BRICK KILN

Heathyards

Church Hill
Lowerbridge Farm
HOPTON
Hopton Bank
LANE
WILMORE
Mount Edge
Mount Edge
Mount Farm
Hopton

Yewtree Cottage
Wilmorehill
Playing Field
Four Acres
HOPTON HALL LANE
LANE

Hopton Heath
Depot
Square Covert
R.A.F. STAFFORD

SANDON
HOPTON
AVENUE
26
SPODE
WEDGWOOD CL.
RIDGEWAY CL.
DOULTON RD.

The Croft
KINGS DRIVE
WILMORE HILL
CROMWELL CL.
BATTLE RIDGE

Woodside
Pool Farm
Hopton Pools
Hopton Pools Covert
Lower Pool
LANE
NEW

3
R.A.F. STAFFORD

Lowerhouse Farm

Pool Cottage

WEST

Staffordsh Agricultural Sc Permanent Sh Ground
Berryhill
Upper Berryhill
Park Farm

325

4

Beacon Hill

5
Beacon Farm

Brickhouse Farm

Lower Berryhill

A518
Stafford Lodge

6
A513
BEACON SIDE ROAD
AVENUE
BOURNE
CRES
GLADSTONE DR.
CAIRNS DR.
CANBERRA
SALISBURY DR.
SALISBURY
DARWIN CL.
KINGSTON
SHENDINGHAM
BROUGH

R.A.F. STAFFORD
STAFFORDSHIRE TECHNOLOGY PARK
University CT.
Staffordshire University (Stafford Campus)
Depot

WESTON ROAD
BLACKHEATH ROAD

Staffordshire University

Blackheath Covert

241

St Johns C. of E.

A
94

B
Rec. Grd.
Tennis Courts

14
395
Weston Rd. High Sch.

C

D

BANK

A518

Weston Hall

Weston Bridge

Weston Bridge

Nutters 97 Plot   BOAT   Pond

Sewage Works

Old SCH   Sch

THE BULL

FERRERS   WELLFIELD CL

MANOR

THE GREEN

Green Farm

Village Hall

Depot

SALT WORKS LA.

OLD ROAD

Outwoods Farm

Weston-upon-Trent

A51

1

RIVER

TRENT

TOWING PATH

MERSEY

CANAL

Brinepit Bridge

2

26

Reservoir (Covered)

Fidders Cottage

ST18

Old Lodge Covert

Deer Park Cottages

Deer Park Farm

Grindlestone Pit

3

Park Pool

Pool Covert

Fiddler's Lodge

Parkhouse

LAMBERT'S COPPICE

Weetman's Plantation

The Ley

INGESTRE PARK

Birch Hall

Alder Coppice

Trent Lodge

TRENT WALK

4

25

The Temple

Wood Field

INGESTRE WOOD

BLACK

Waterford House

Home Farm

Ingestre Hall

The Mounts

Stable Farm

5

Ingestre

The Old Rectory

DRIVE LANE

Upper Hanyards

Church Field

INGESTRE PARK GOLF COURSE

6

Club Ho.

LANE

HANYARDS

Lower Hanyards

Fords Belt

24

Hanyards Spinney

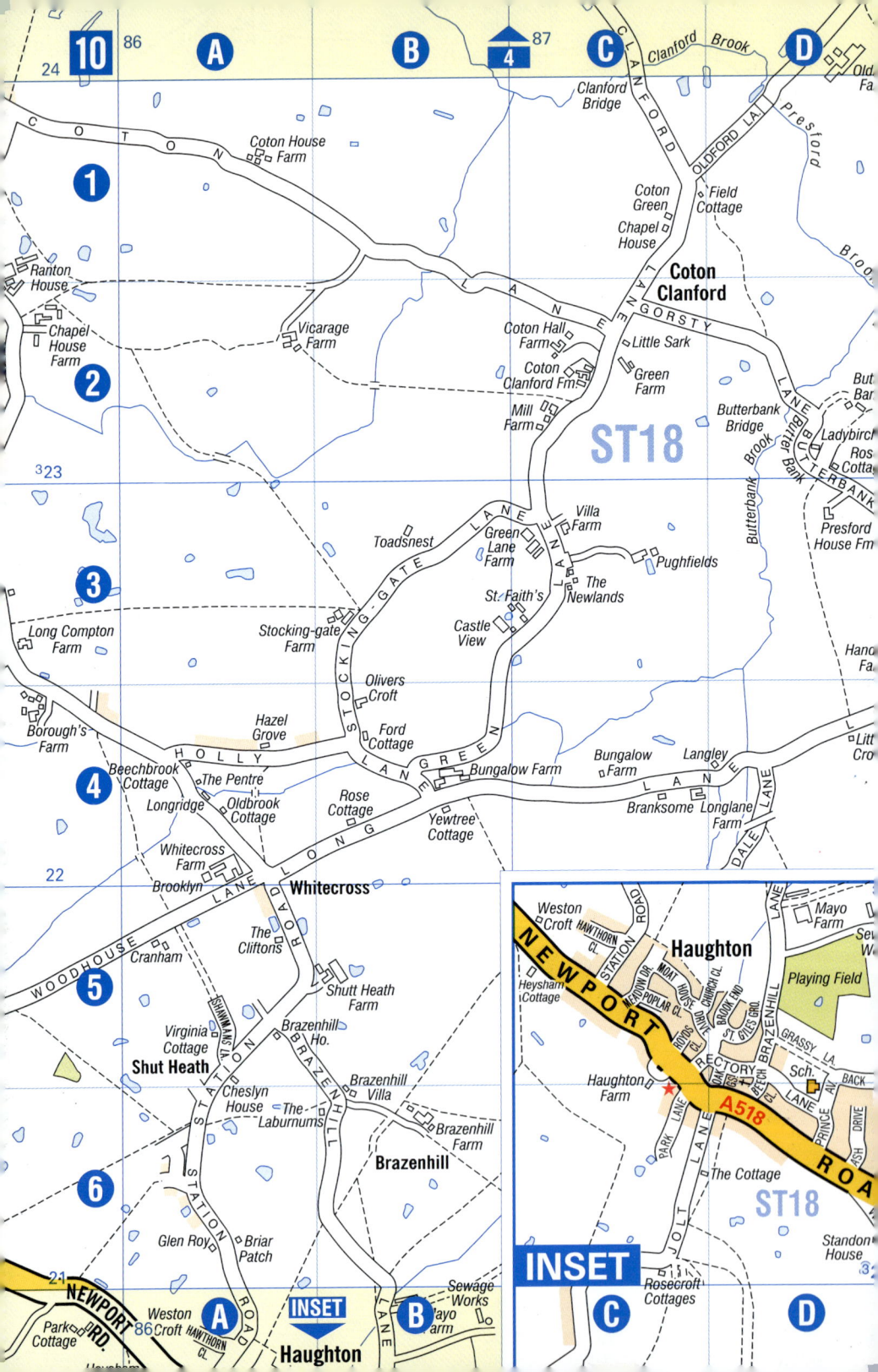

COTON LANE

Clanford Brook

CLANFORD

OLDFORD LANE

Presford

Old Fa

1

Coton House Farm

Clanford Bridge

Coton Green

Field Cottage

Chapel House

Brook

Ranton House

Coton Clanford

GORSTY LANE

Chapel House Farm

Vicarage Farm

Coton Hall Farm

Little Sark

Green Farm

Butterbank Bridge

BUTTERBANK

But Bar

2

Coton Clanford Fm.

Mill Farm

Green Farm

Butterbank Brook

Butter Bank

Ladybirc
Ros Cotta

3 23

ST18

Villa Farm

Pughfields

Presford House Fm

3

Toadsnest

Green Lane Farm

St. Faith's

The Newlands

STOCKING-GATE LANE

LONG GREEN LANE

Hano Fa

Long Compton Farm

Stocking-gate Farm

Castle View

Olivers Croft

Borough's Farm

Hazel Grove

Ford Cottage

Bungalow Farm

Bungalow Farm

Langley

Litt Cro

4

Beechbrook Cottage

The Pentre

Rose Cottage

Branksome

Longlane Farm

HOLLY LANE

Longridge

Oldbrook Cottage

Yewtree Cottage

DALE LANE

22

Whitecross Farm

LONG LANE

Whitecross

5

Brooklyn

WOODHOUSE LANE

Cranham

The Cliftons

SHAWMANS LA.

Shutt Heath Farm

6

Virginia Cottage

Shut Heath

Brazenhill Ho.

BRAZENHILL ROAD

STATION ROAD

Cheslyn House

The Laburnums

Brazenhill Villa

Brazenhill Farm

Brazenhill

Glen Roy

Briar Patch

STATION ROAD

Sewage Works

INSET

Weston Croft

NEWPORT ROAD

Mayo Farm

STATION ROAD

HAWTHORN

MOAT HOUSE DR.

MEADOW DR.

POPLAR CL.

CHURCH CL.

Haughton

Playing Field

Se W

Heysham Cottage

BROOK LANE

ST. GILES GRO.

GRASSY LA.

BRAZENHILL LANE

BACK

Haughton Farm

RECTORY

OAK

BEECH

PRINCE AV.

Sch.

A518 ROAD

ASH DRIVE

The Cottage

ST18

INSET

JOLT LANE

PARK LANE

Standon House

3

Rosecroft Cottages

Haughton

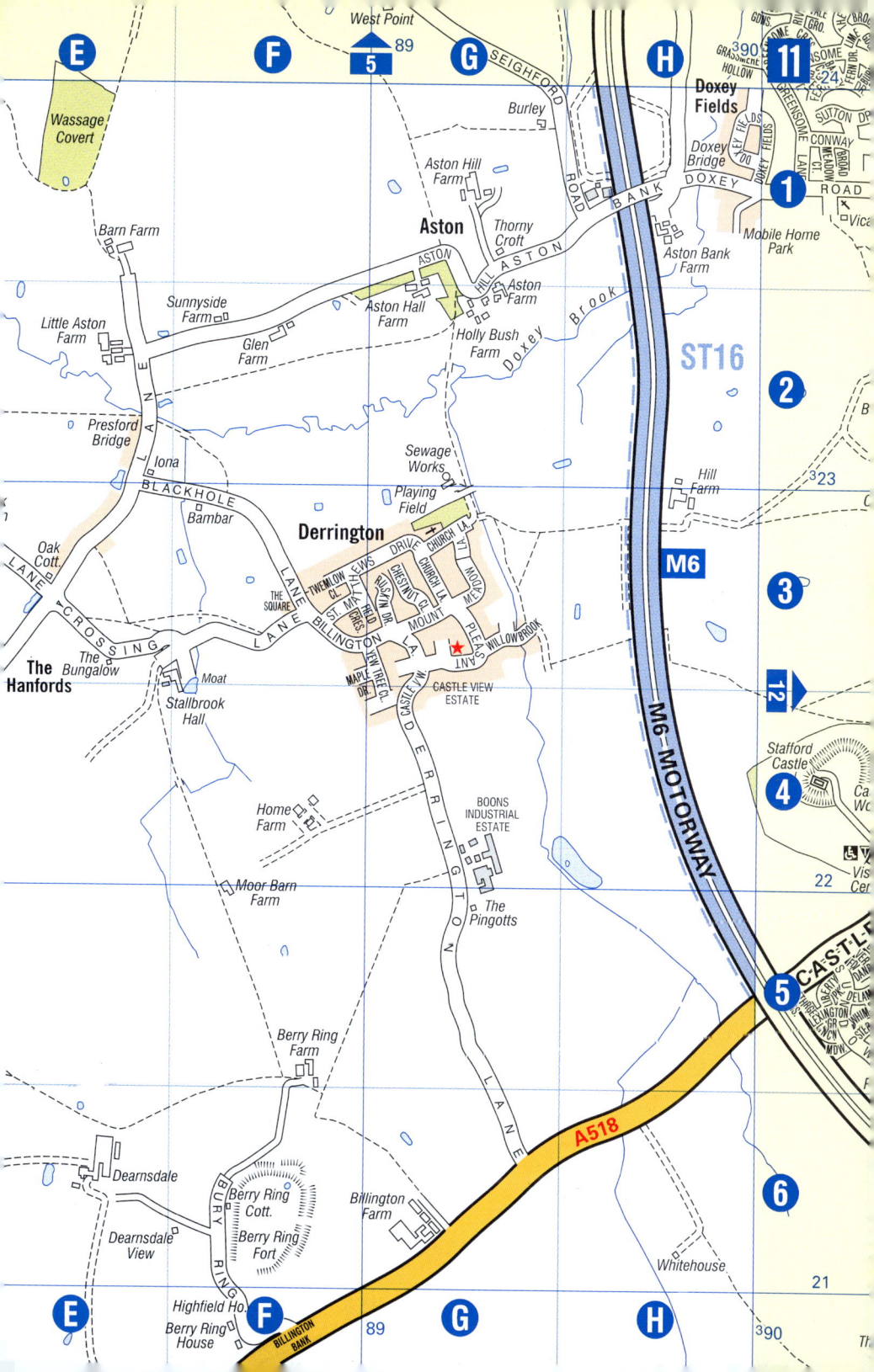

E · F · G · H

West Point

89

SEIGHFORD

Doxey Fields

GRASSMERE HOLLOW

SUTTON DP

CONWAY MEADOW CT.

ROAD

Doxey Bridge

DOXEY

ROAD

1

Burley

Aston Hill Farm

Thorny Croft

ASTON ROAD

ASTON BANK

Aston Bank Farm

Mobile Home Park

Barn Farm

Aston

Aston Hall Farm

Aston Farm

ASTON HILL

Doxey Brook

ST16

Sunnyside Farm

Holly Bush Farm

2

Little Aston Farm

Glen Farm

LANE

323

Presford Bridge

Iona

Sewage Works

Hill Farm

M6

BLACKHOLE

Bambar

Playing Field

CHURCH LA.

3

Oak Cott.

LANE

Derrington

THE SQUARE

TWEMLOW CT.

ST. MATTHEWS

FIELD CRES.

WILSON DR.

CHESTNUT LA.

CHURCH LA.

MOUNT PLEASANT

WILLOWBROOK

12

The Bungalow

CROSSING

BILLINGTON LANE

MAPLE DR.

YEW TREE CL.

CASTLE VW.

CASTLE VIEW ESTATE

Stafford Castle

The Hanfords

Moat

Stallbrook Hall

4

Home Farm

BOONS INDUSTRIAL ESTATE

DERRINGTON LANE

22

Moor Barn Farm

The Pingotts

M6 MOTORWAY

Berry Ring Farm

5

CASTLE

LEXINGTON

Dearnsdale

BURY RING

Berry Ring Cott.

Berry Ring Fort

Billington Farm

A518

6

Dearnsdale View

Whitehouse

21

Highfield Ho.

Berry Ring House

BILLINGTON BANK

89

390

E · F · G · H

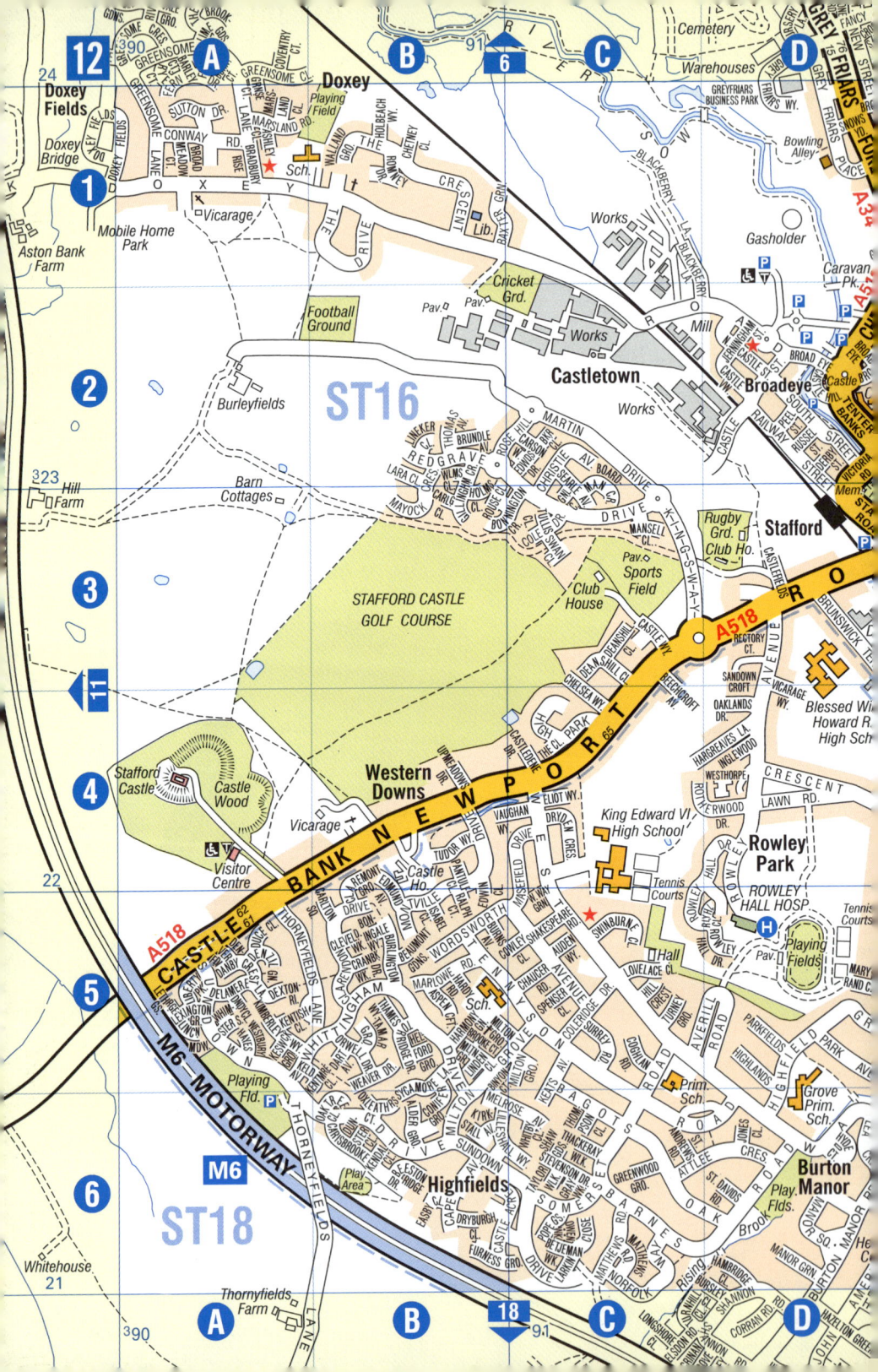

A B C D

Doxey Fields
24
390

Doxey Bridge

1

Aston Bank Farm

Mobile Home Park

Vicarage

Sch.

Doxey

Playing Field

Lib.

Cemetery

Warehouses

Greyfriars Business Park

GREY FRIARS

Bowling Alley

A34

2

Football Ground

Burleyfields

ST16

Cricket Grd.

Pav.

Pav.

Works

Works

Castletown

Works

Gasholder

Mill

Broadeye

Caravan Pk.

A518

323
Hill Farm

Barn Cottages

Redgrave

Rugby Grd. Club Ho.

Stafford

3

Club House

Sports Field

A518

11

STAFFORD CASTLE GOLF COURSE

Rectory Ct.

Sandown Croft

Oaklands Dr.

Blessed Wi Howard R High Sch

4

Stafford Castle

Castle Wood

Vicarage

Western Downs

King Edward VI High School

Tennis Courts

Rowley Park

ROWLEY HALL HOSP.

Tennis Courts

Visitor Centre

Castle Ho.

22

Playing Fields

Pav.

H

A518

CASTLE BANK NEWPORT ROAD

5

Playing Fld.

Prim. Sch.

Grove Prim. Sch.

M6 MOTORWAY

M6

ST18

Highfields

Play Area

Burton Manor

Play Flds.

6

Whitehouse
21

Thornyfields Farm

390

A B 18 C D
91

Depot
Playing Field
OXFORD SCHOOL
Lloyd St.
Victoria St.
Crooked Bridge Road
PROSPECT
ROAD
HM Prison
B5066
GAOL ROAD
Rec. Grd.
Beaconside
St. Johns C. of E. Prim. Sch.

St. George's Hospital
Pearl Brook
Kingsmead Nature Area
Pennycrofts

STAFFORDSHIRE GENERAL HOSPITAL
Nurses Home

Q-U-E-E-N-S-W-A-Y
A34
SALISBURY
1 209
202 A518
WESTON ROAD
KINGSTON ROAD

LAMMASCOTE ROAD
Superstore
2

STAFFORD
Littleworth
Sports Grd.
The Kingston Centre

The Green
The Oval
Stafford College
Sports Ground
Playing Field
Spital
Works
RIVER SOW
3

14

Forebridge
Lodge
LICHFIELD ROAD
A34
Queensville
Baswick Bridge

The Hough Cricket Grd.
Works
4

WOLVERHAMPTON RD.
A449

ROWLEY BANK
PARK CRES.
Tennis Cts.
Bowling Greens

QUEENSVILLE BRIDGE
Queens Retail Park
Stafford Sports & Leisure Centre

QUEENSVILLE
Queensville
Meadow Bridge
Radford Bridge
5

RADFORD BANK
A34
22

ST17
MEADOW ROAD

Playing Fld.
Silkmore Prim. Sch.
Pav. Sports Ground

Flash Ley Prim. Sch.

RIVER PENK
WORCESTERSHIRE CANAL
STAFFORDSHIRE &

Wildwood
6
21

A449
SPRING BROOK

A B C D

1

94

24¼

CANBERRA
SALISBURY DR.
St. Johns C. of E. Prim. Sch.
de
SALISBURY
202 PANTON
PALMER CL.
WY
Staffordshire University (Stafford Campus)
Depot
BEACONSIDE
A513
ROAD
8
395
Blackheath Covert
WESTON
A518
Weston Rd High Sch.
Blackheath
Staffordshire University
Tennis Courts
Recreation Ground
Halls of Residence
Kingston Pool Covert
Kingston Brook
SHERINGHAM
DARWIN
KINGSTON
MARLBOROUGH AVENUE
King's Low
Crab Covert

2

AVON RISE
AVON CL.
WOLSELEY
THE
WYNTH
COWGHILL
KINGSTON HILL CL.
SUNNINGDALE
GLEN
MARLON CL.
BIRKDALE DR.
MORRIS DRIVE
CRES.
Kingston Hill
Stone Cottage
ST. THOMAS LANE
ROAD
Crematorium and Cemetery
HANYARDS LANE
Hanyards
Brancote Row New Cottages
New Cottages
TIXALL
BLACKHEATH LANE

323

ST16

3

RIVER SOW
Weir
St. Thomas Mill Farm
St. Thomas Bridge
BASWICH BUS. PK.
TILCON
Reservoir
St. Thomas AV.
THE SALTINGS RESIDENTIAL MOBILE HOME PARK
Froghall Cottage
St. Thomas Priory Farm
Mill Stream
Lodgefield Park
Brancotegorse Covert

13

4

CHARTERHOUSE DR.
PENSTONE
22
LEY AV.
DRIVE
Baswick Bridge
BAYWOOD
CYPRESS CL.
KESTREL CL.
DOLPHIN CL.
CHURCHFIELD
FARMDOWN
WAY
DANTA
ASCOT ROAD
BASWICH
SHIPSTON RD.
WITNEY
COMPTON ROAD
BIRFORD RD.
WOODSTOCK RD.
CREST
Baswich
Lodgefield Bridge
Stoneford Bridge
Sewage Works
STAFFORDSHIRE &

5

Queensville
Meadow Bridge
Radford Bridge
MEADOW RIDGE
FAIRVIEW
FARMDOWN
BALMORAL
BUCKBY RD.
BELVEDERE RD.
CHARTWELL CL.
WESTMINSTER CL.
SANDRINGHAM RD.
ASCOT
ROAD
RADFORD RISE
SANDRINGHAM
CR.
BASWICH
LANE
RISE
SIDMOUTH
SALCOMBE
BIDEFORD
PORLOCK
BRENDON CL.
BODMIN
ST. AUSTELL CL.
MAYES
ST. MES CL.
AVENUE
ST. NES CL.
BEDFORD
TIVERTON AV.
CAMBORNE
Weeping Cross
Playing Field
FALMOUTH
TORRINGTON AV.
CAMELFORD AV.
BABBACOMBE
N. ST.
ST. MICHAEL'S
STATION
FALMOUTH AV.
AVENUE

ST17

RADFORD BANK
A34

Wildwood

6

STAFFORDSHIRE AND
P
RIPON CL.
HERONS CL.
CHEESTOW
TALPINE
RAVENSWOOD
BROOKMOS
SILVERDALE
FIRBECK GDNS.
LINDENBROOK
BRIARS
LEIGHTON
BEECH M.
THE DOWNS
CHELTENHAM
WILDWOOD DR.
STONE PINE
MEWBURY
LAWNS
CANNOCK ROAD
A34
WEEPING CROSS
A513
Lib.
Hlth. Cen.
The Leasowes Jun. & Inf. Sch.
St. Annes R.C. Prim. Sch.
ST. AUSTELL
HARTLAND
BRAUNTON AV.
APPLEDORE
BONTON
LYNTON AV.
PORTLEVEN AV.
WIDECOMBE
STOCKTON LANE
FALMOUTH AV.
Walton-on-the-Hill
MILFORD ROAD
23
THE RISE
VILLAGE
BROCTON
KITLINGS
THE CRESCENT
WALTON
MEAD CL.

Police H.Q.
Hillcroft Park
KNOWLE RD.
THE FIRS CL.
CLEVEDON AVENUE
HILLCROFT
AVENUE
CREANR RD.
SELWORTHY DR.
Walton High Sch.
GLASTONBURY CL.
CRESCENT
AVENUE
ANSON RD.
OLD CROFT RD.
SCHOOL
20
395

21
P94

A B C D

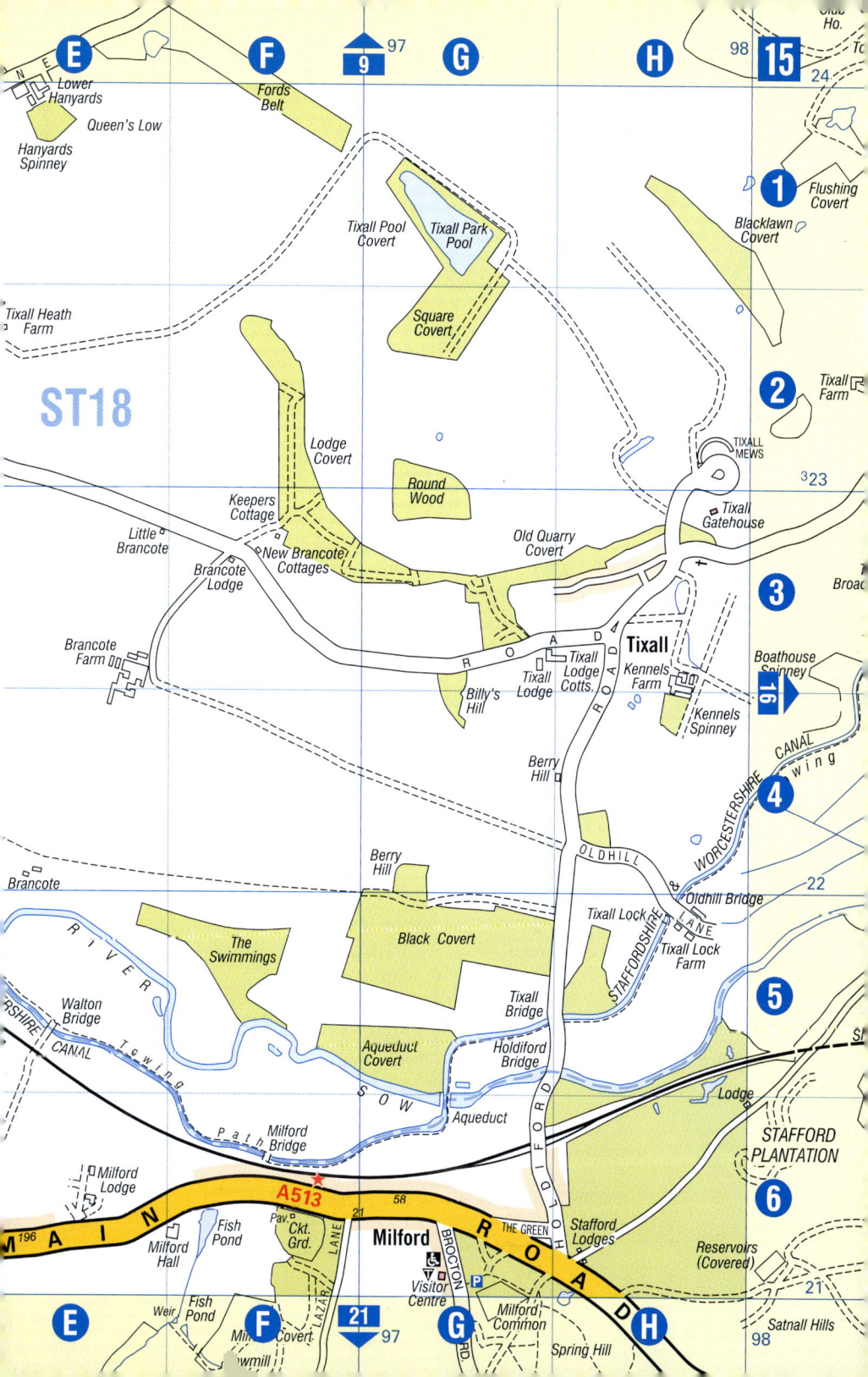

Club Ho.

Lower Hanyards

Fords Belt

1 Flushing Covert

Blacklawn Covert

Queen's Low

Hanyards Spinney

Tixall Pool Covert

Tixall Park Pool

2 Tixall Farm

Tixall Heath Farm

Square Covert

ST18

Lodge Covert

Round Wood

^{3} 23

Broad

TIXALL MEWS

Tixall Gatehouse

Keepers Cottage

Little Brancote

New Brancote Cottages

Old Quarry Covert

Tixall

3

Boathouse Spinney

Brancote Lodge

R   O   A   D

Tixall Lodge Cotts.

Kennels Farm

Broad

16

Brancote Farm

Billy's Hill

Tixall Lodge

Kennels Spinney

WORCESTERSHIRE CANAL

Trent wing

Berry Hill

4

Brancote

Berry Hill

OLDHILL

22

Oldhill Bridge

R   I   V   E   R

The Swimmings

Black Covert

Tixall Lock

Oldhill Bridge

Tixall Lock Farm

Walton Bridge

CANAL

Trent

SOW

Aqueduct Covert

Tixall Bridge

Holdiford Bridge

STAFFORDSHIRE &

5

Lodge

STAFFORD PLANTATION

Path

Aqueduct

Milford Bridge

HOLDIFORD

6

Milford Lodge

A513

58

THE GREEN

Stafford Lodges

Reservoirs (Covered)

M   A   I   N

Fish Pond

Pav.

Ckt. Grd.

Milford

R   O   A   D

196

Milford Hall

LAZAR LANE

BROCTON RD.

P

Spring Hill

Satnall Hills

Fish Pond

Weir

Mill Covert

wmill

Visitor Centre

Milford Common

98

A Town Field

B Lionlodge Covert — Lion Lodges

C

D Hoomill Bridge — Co

HOOMILL LANE

Hoo Mill — Hoomill Mill Cottages — Hoo Mill Cottages

1 Flushing Covert

Blacklawn Covert

TRENT & MERSEY CANAL

RIVER TRENT

Middle Bridge &

TRENT

ST18

Great Haywood Nurseries

Great Haywood

2 Tixall Farm — TIXALL CT.

Swivel Bridge

Haywood Mill

Wharf Bridge

MILL

COURT FIELDS — ABBEY — MAIN — ELM CL. — BREWERY — MANOR — SCHOOL LA. — PYEGREAVE CL.

3 23

Tixall Mews

Tixall Gatehouse

The Broad Water

WORCESTERSHIRE CANAL — Path

Aqueduct — Haywood Junction

SOW

Trentlane Lock

THE SQ. — MAIN — THOS. CL. — PRIN CL. — JOHN ROCK CL. — St. Johns R.C. Prim. Sch.

3 Tixall

Boathouse Spinney

STAFFORDSHIRE & — Towing

Shugborough Hall

The Mansion House — Servants Quarters & County Mus.

Essex Bridge

Weir

Anson C. of E. Prim. Sch.

Kennels Farm — 15 — Kennels Spinney

4 Hollis Spinney

RIVER

Snipe Haugh

22 Oldhill Bridge

Tixall Lock — LANE

Tixall Lock Farm

The Dark Lantern

Icehouse

SHUGBOROUGH PARK

ST17

Shugborough Park Farm & Agricultural Mus.

Watermill

Landing Stage

RIVER TRENT

Sal Planta

5

Shugborough — Tunnel

Hadrian's Arch

Sports Ground

Duck Covert

Lodge

White Barn Farm

Girl's Camp — Pav.

Underley Cop

Boy's Camp — Sewage Works

6 STAFFORD PLANTATION

A513

The Kennels

Reservoirs (Covered)

Santnall Cottage — Brook

The Haywoodpark Firs Cottages

MAIN

Lichfield Loc Plantatio

21

Satnall Hills

Shel

Alder Carr

ROAD

Coalpit Lane Covert

TRENT

A 98

B 99

C

D

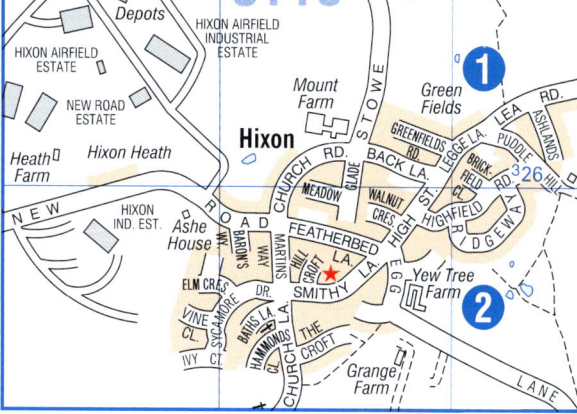

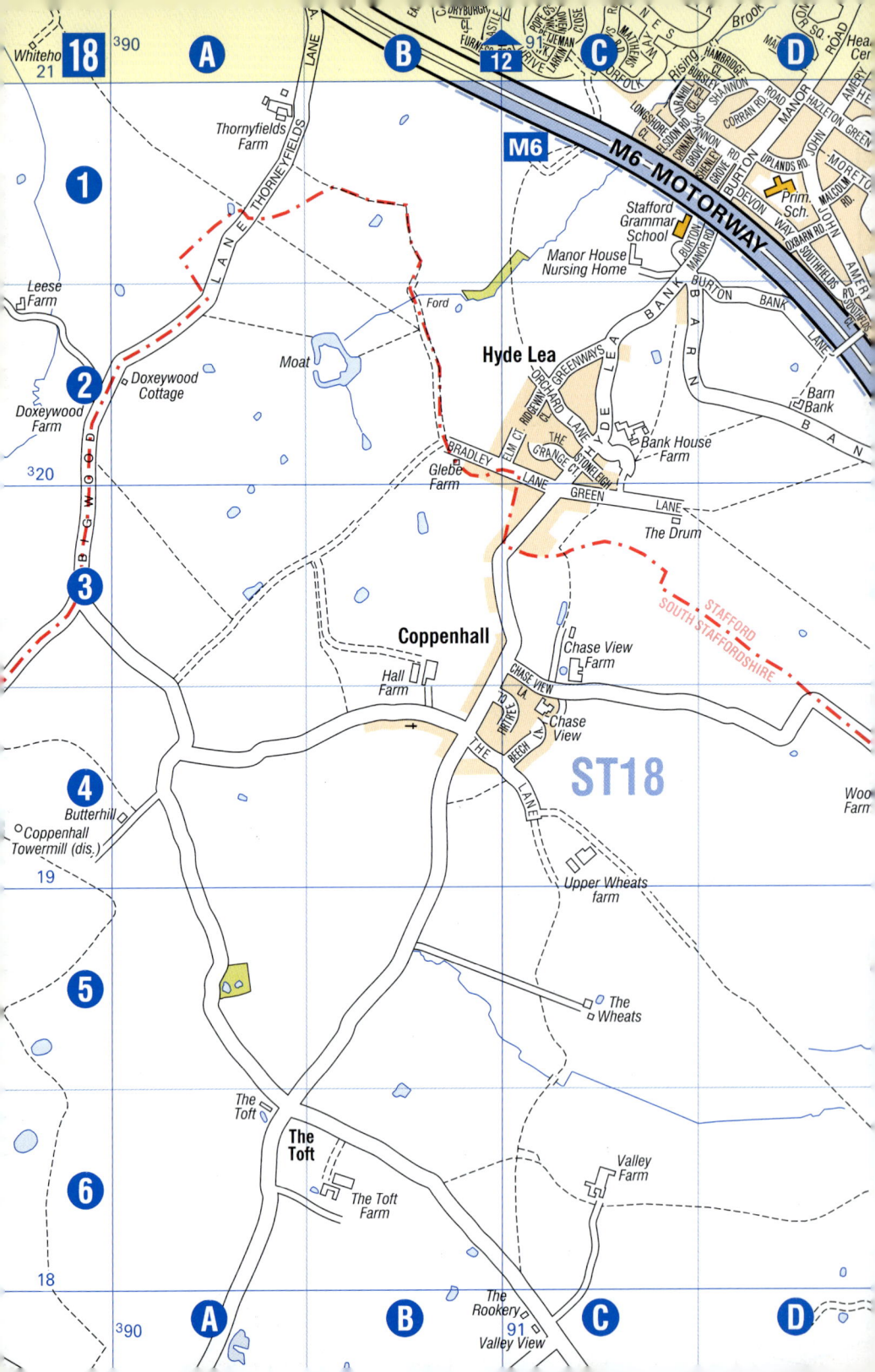

M6

M6 MOTORWAY

Thornyfields Farm

THORNEYFIELDS

LANE

1

Leese Farm

Moat

Ford

Manor House Nursing Home

Stafford Grammar School

Hyde Lea

2

Doxeywood Cottage

Doxeywood Farm

³20

DOXEYWOOD

LANE

BANK LEA

BARN

BURTON BANK

Barn Bank

Bank House Farm

GREENWAYS LANE

ORCHARD LANE

RIDGEWAY

ELM CT.

THE GRANGE CT.

STONELEIGH

3

BRADLEY

LANE

Glebe Farm

GREEN LANE

The Drum

STAFFORD

SOUTH STAFFORDSHIRE

Coppenhall

Hall Farm

CHASE VIEW

Chase View Farm

Chase View

BEECH LA.

THE BEECH LANE

ST18

4

Butterhill

Coppenhall Towermill (dis.)

19

Upper Wheats farm

Woo Farm

5

The Wheats

The Toft

The Toft

The Toft Farm

Valley Farm

6

18

³90

A | B | C | D

The Rookery 91 Valley View

Map grid references: E F G H (top), 19, 1, 2, 3, 4, 5, 6 (right side)

Rising Brook
Rising Brook
Rising Brook Prim. Sch.
Moss Pit
MOSSPIT
A449
M6
M6 MOTORWAY
Rickerscote
Rickerscote Hall
Rickerscote Hall La.
Old Rickerscote Lane
St. Peter's Church
St. Peter's Lane
Somerville Sq.
Glebelands Gardens
Rosemary Av.
Fennel Basin
Barnhurst Farm
Cooper's Crossing
Brookflat
Brook
Pothooks
Works
Mount Pleasant
Acton Gate
Sun Haven
Actonmill Bridge
Actonmill Farm
RIVER PENK
Roseford Lane
Roseford Farm
Roseford Bridge
Ivy House Farm
STAFFORDSHIRE & WORCESTERSHIRE CANAL
Deepmore Lock
River Penk
Hazlestrine Bridge
Wildwood
Rowan Glade
Somer- vale
Shepherds Fold
ST17
320
20
19
18
Grange Farm
flats
Wesleigh Fm.
Orchard Farm.
Ashflats
Junction 13
A449
Dunston Farm
M6
St. Leonard's C. of E. First Sch.
Fair View
Dunston House
Dunston
School La.
Church La.
WATTLES LANE
Brookhouse
Hall
Play. Fld.
Acton Trussell
Acton Hill Road
MOOR CT.
BEDNALL ROAD
Acton Trussell Farm
Cook's Bank
Acton Bri.
Canal Side
Lower Road
Lesser La.
Alsop
Trussell Av.
Canal Side Cottages
Penkridge
Pickerings Field
Highfield Cl.
St. James Cres.
Nash La.
Stafford Road
93
94

Wildwood

Sports Fields

Police H.Q.

Hillcroft Park

CHELTENHAM

CANNOCK

A34

ROAD

BRIDLE ROAD

GLASTONBURY

BURNHAM

RADSTOCK CL.

MENDIP

AVENUE

WINSFORD CRESCENT

SELWORTHY DRIVE

Walton High Sch.

Oakridge Prim. Sch.

Oakridge Way

STAFFORDSHIRE & WORCESTERSHIRE CANAL

Hazlestrine Bridge

Hazlestrine

Schools

ROWAN GLADE

SOMER-VALE

GORSLE DALE

SWEETBRIAR WY.

BARNFIELD

SHEPHERDS FOLD

LARCHWOOD

WHITE OAKS

WINCHESTER

LANSDOWNE WAY

BADGERS

OTTER BURN CL.

MEADOW

MOW VALE

WYCHERWD.

BRAMBLINGS

HURST

OVERHILL

GREENFIELD ROAD

ISLAND GREEN

VICTORIA

OLD

ROAD

C A N N O C K

Walton-on-the-Hill

CROFT

Brocton Park Farm

DERWICK IND. EST.

BROCTON CRES.

Newtown

KILN LANE

BRICK

PINGLE LANE

The Villa

Acton Hill Cottages

Acton Hill

Acton Hill

Acton Hill Farm

The Shepherds

The Larchery

19

The Acorns

SOUTH STAFFORDSHIRE STAFFORD

Bednall Villa

ACTON HILL ROAD

Brookh

Play. Fld.

Hall

Acton Trussell

BEDNALL

ROAD

Acton Trussell Farm

TEDDESLEY ROAD

ROAD

Rowley Moor

Lower Farm

Bednall

Bednall Hall Farm

RICHFIELD

Grid references: A B C D across top; 1 2 3 4 5 6 down left side.

94 21 320 19 18 39 40 395 14 23

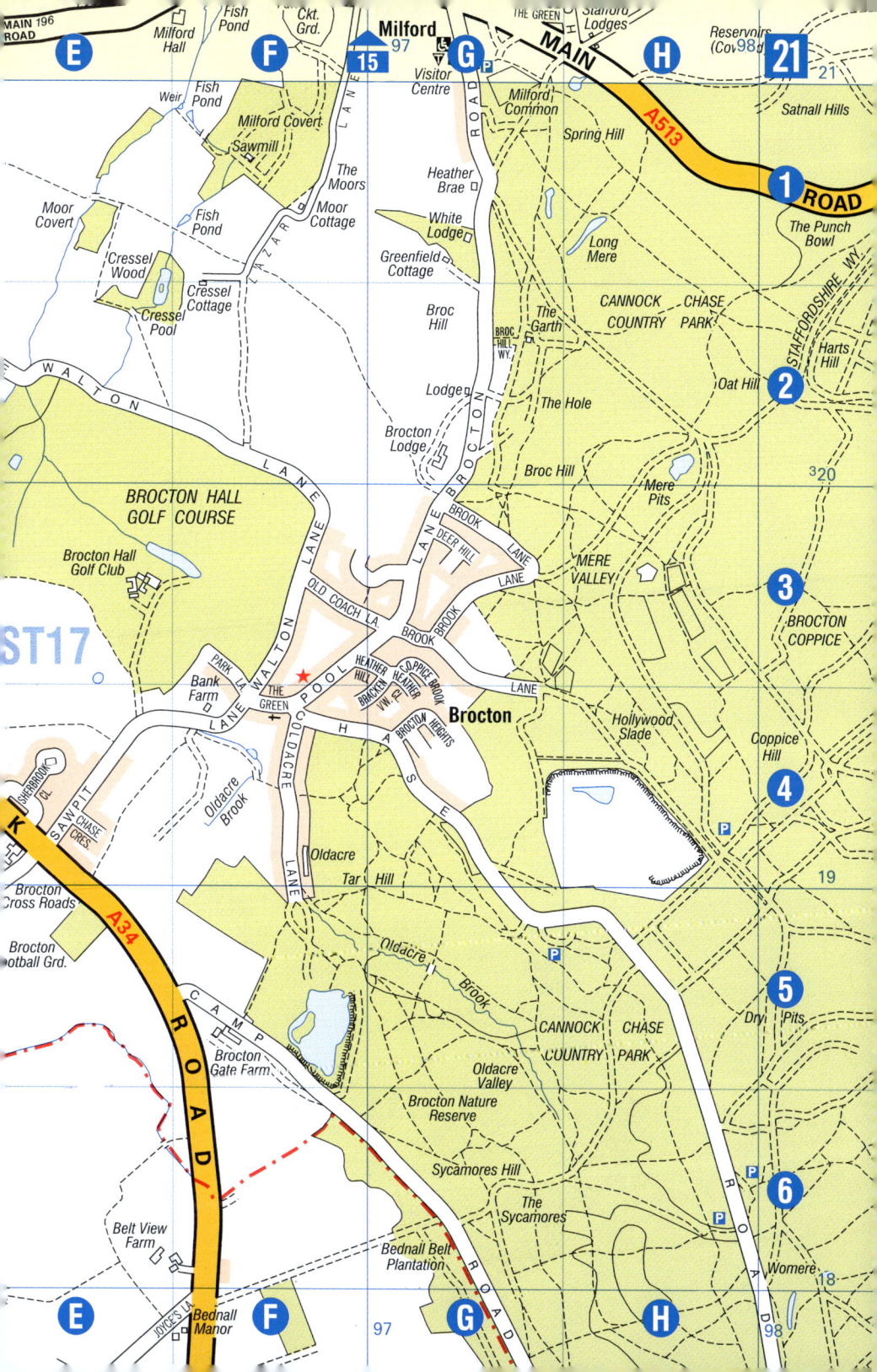

MAIN 196 ROAD

Milford Hall

Fish Pond

Ckt. Grd.

Milford 97

THE GREEN

Stafford Lodges

MAIN

Reservoirs (Cov 98d)

Visitor Centre

Satnall Hills

Weir

Fish Pond

Milford Covert

Sawmill

The Moors

Moor Cottage

Heather Brae

Milford Common

Spring Hill

A513 ROAD **1**

The Punch Bowl

Moor Covert

Fish Pond

White Lodge

Greenfield Cottage

Long Mere

CANNOCK CHASE COUNTRY PARK

STAFFORDSHIRE WY

Harts Hill

Cressel Wood

Cressel Cottage

Cressel Pool

LAZAR LANE

Broc Hill

The Garth

Oat Hill

2

3 20

BROC HILL WY

The Hole

Broc Hill

Mere Pits

WALTON LANE

Lodge

BROCTON

Brocton Lodge

Mere Valley

3 BROCTON COPPICE

BROCTON HALL GOLF COURSE

Brocton Hall Golf Club

BROOK LANE

DEER HILL

ST17

OLD COACH LA

Hollywood Slade

Coppice Hill

4

PARK LANE

Bank Farm

THE GREEN

POOL LANE

HEATHER HILL

BRACKEN

COPPICE BROOK

HEATHER VW

BROCTON HEIGHTS

Brocton

LANE

P

Oldacre Brook

19

K

SAW PIT

CHASE CRES

SHERBROOK CL

Oldacre

Tar Hill

P

5 Dry Pits

A34

Brocton Cross Roads

Brocton Football Grd.

CAMP ROAD

Oldacre Brook

Brocton Gate Farm

P

CANNOCK CHASE COUNTRY PARK

Oldacre Valley

Brocton Nature Reserve

Sycamores Hill

P

ROAD

P

6 Womere

Belt View Farm

JOYCE'S LA

Bednall Manor

Bednall Belt Plantation

The Sycamores

18

A 03 B 04 C D

WOLSELEY ROAD

A51 145

Pumping Station

Brindley Bank

Aqueduct

RIVER TRENT & MERSEY CANAL

1

Long Covert

Stafford Brook

Bower Farm

Depot

Club

WESTERN

Springfields

Springfield Estate

Holyoake Pl.

Western Springs Prim. Sch.

Comm. The Cen. Fernwood Cen.

Playing Fields

Tennis Courts

Orchard Cl.

19

STAFFORD CANNOCK CHASE

2

Scarborough

Etchinghill

Recreation Ground

Prim. Sch.

Moss Green

SPRINGS

Chadsfield

Cemy.

Westring

Rest Harrow

Windycot

Playing Field

Henley Grange

Larkholme Cl.

Peakes

Woodcock

Play. Field

Burnfield Dr.

Hillway

Jubilee St.

Red Rose Theatre

YMCA

Taylors

Aelfgar Cen.

A51

3

Chaseley Rd

Stonehouse

Oakwood

West Butts

East Butts

Brinkburn Cl.

Chaseley Cl.

Peakes

CHASELEY ROAD

Heathfield Farm

Woodhey's The Oakla.

HAGLEY ROAD

Hall

Elmore La. Bus Sta.

RUGELEY

318

4

SHOOTING BUTTS ROAD

Cricket Ground

Pav.

Tennis Courts

Fair Oak High Sch.

Father Cannock Bridge

Fish Pond

Fox Holes

Weir

Playing Fields

Youth Centre

HAGLEY PARK

Playing Field

Tennis Courts

SANDY LANE

The Stone House

Hagley Farm

High Fall

Weirs

Hagley Park High School

Pear Tree Prim. Sch.

Rug

5

PENKRIDGE

Lady Hill

Quarry

Oakley Copse

Post Office

SLITTING MILL

Slitting Mill

Dutton's Pool

Hall

RISING LANE

Works

Burnt Hill

A460

Lower Birches

HEDNESFORD

16

Nursery

LADY HILL COPPICE

The Pingle

INSET

Redbrook Field

Flaxley Prim. Sch.

Brereto Fields Farm

6

Wks.

Arthur Evans

Kimberley

Oakhurst Wy Park

The Levels Ind. Est.

Brick Kiln Wy.

St. Michael's Dr.

Prim. Sch.

MAIN RD.

A51

Church

Swan

Brereton

BRERETON HILL

COALPIT LANE

Hob Cott.

Football Ground

Prim. Sch.

Hislop

Shaftsbury

St. Augustins

Hillary Crest

Redbrook Field

COPPICE

405 A WS15 B 06 C 04 D

laemead
Rydal Farm

Works

Rookery

Parchfield Farm

Colton Hall Farm

1

19

Rugeley Trent Valley

B5013 ROAD

EASTERN RD.

Moreton Brook

ITHBURY

TRENT VALLEY TRADING ESTATE

Wks.

Colton Mill Bridge

Colton Mill Farm

Rugeley Junction

Cawarden Springs Cottages

2

BY-PASS

RIVERSIDE IND. EST.

HARLEY RD.

laying field

Wks.

Depot

Phoenix CL.

Mag. Court

NEYLANDS

erstore

FORGE MEWS

HERON

Works

Caravan Site

LEATHERMILL LA.

TANNERY CL.

(PROPOSED)

STATION ROAD

LICHFIELD CANNOCK CHASE

New House

3

Cawarden Springs Wood

Cawarden Springs Farm

3 18

RIVER

TRENT

Ten Acre Covert

4

WS15

TALBOT

QUEEN

KING

LAKESIDE VW.

ARCH ST.

CHADWICK CL.

THE MOSSLEY

RUGELEY EASTERN BY-PASS

Cooling Towers

Power Station

Rec. Grd.

Tennis Court

Hemp Holm

5

ARMITAGE ROAD

BRERETON ROAD

MAIN ROAD

TRENT & MERSEY CANAL

Marlpits

TRENT VIEW

GARDEN

THORN CLOSE

DRIVE

Wks.

A513

Waterside Business Pk.

Ravenhill Rec. Grd.

Lea Hall Business Pk.

17

Sludge Beds

wn

A51

Prim. Sch.

Redbrook La. INDUSTRIAL EST.

THE GREEN

REDBROOK LA.

OVERLAND CL.

Glover's Hill

Brereton

SYCAMORE

BRERETON

Lea Hall Cott.

Lea Cottage

6

A513 RUGELEY ROAD

West Lodge

Sub.

315 92 393

A B C D

PENKRIDGE

ST19

1
2
3
4
5
6

Grassmere Farm
Preston Fields
Preston Barn
Chase View
Longford Bridge
Longford House
LEVEDALE ROAD
STAFFORD ROAD A449
PENK RIVER
Flax Ovens
Woodbank
Broom's Bridge
Lock
Penkridge Middle Sch.
M6
STAFFORDSHIRE & WORCESTERSHIRE CANAL
Towing Path

Riverside Farm
VALE LANE
PRESTON
Whiston Brook
River PENK
The Roller Mill
Bull Bridge
Cattle Mkt.
CATCH LANE
STONE CROSS
TEDDESLEY ROAD
Horse Fair
The Marsh
Little Marsh
Leacroft Rd.
CRES.
ORCHARD CL.
GROSVENOR
CHERRYBROOK
KENTMERE
OAKLEY
M6

Cattle Market
Cuttlestone Cottages
PINFOLD
Sch.
CROWN MILL ST.
MARKET ST.
HALING
Comm. Cen.
Penkridge Bridge
PENKRIDGE
WOLGARSTON WAY
CANNOCK
Tennis Courts
Wolgarston High Sch.
Playing Field

Cuttlestone Bridge
BUNGHAM LANE
WATER EATON LA.
Football Ground
Penkridge
St. Michael's
STATION RD.
Hlth. Cen.
NEW RD.
CHESTNUT
CROYDON
GREEN
Princefield First Sch.
SAXONE
Princefield
Weir

Nursery
The Deanery
MAYFIELD AV.
ELM WK.
GRANGE RD.
LIME WK.
TILDESLEY DRIVE
GARDEN
HALING AV.
DENE CL.
PRINCEFIELD
SAXON
ELMDON
M6
MOOR HALL

ST19
GRANGE CRES.
WOLVERHAMPTON
BOSCOMOOR LA. WOLGARSTON
WHEATCROFT
WOODTHORNE
PRINCEFIELD
FULLMORE
WYL.
PAGET
B5012

Playing Field
Wks.
COMMERCE DR.
Penkridge Boscomoor Ind. Est.
Boscomoor
Lyne Hill Ind. Est.
Warehouses
BOSCOMOOR LA.
STAFFORDSHIRE & WORCESTERSHIRE CANAL
WALHOUSE
BEVERLEY
ASTON
BOYDEN
BEDDINGTON DR.
BRINDLEY CL.

13
A449
HILL
LYNE
Lyne Hill
Bramley Cottage
Nursery
The Poplars Farm
Cape Cottage
OTHERTON LANE
Towing Path
Lynehill Bridge
Dairy Farm
The Willows
Otherton Farm
Otherton Bridge
Sub.
M6

Bridge House
MERE LANE
Toyvale Cottage
RODBASTON
Moat
Otherton
Otherton Lane Bridge
MICKLEW...

12
Rodbaston
92
Rodbaston Stables
393
DRIVE

INDEX TO STREETS

Including Industrial Estates and a selection of Subsidiary Addresses.

HOW TO USE THIS INDEX

1. Each street name is followed by its Posttown or Postal Locality and then by its map reference; e.g. Acton Hill Rd. *Act T* —5H **19** is in the Acton Trussell Postal Locality and is to be found in square 5H on page **19**. The page number being shown in bold type.
   A strict alphabetical order is followed in which Av., Rd., St., etc. (though abbreviated) are read in full and as part of the street name; e.g. Abbeyfields appears after Abbey Dri. but before Abbey St.

2. Streets and a selection of Subsidiary names not shown on the Maps, appear in the index in *Italics* with the thoroughfare to which it is connected shown in brackets; e.g. *Bank Pas. Staf* —2E **13** *(off Market Sq.)*

GENERAL ABBREVIATIONS

All : Alley
App : Approach
Arc : Arcade
Av : Avenue
Bk : Back
Boulevd : Boulevard
Bri : Bridge
B'way : Broadway
Bldgs : Buildings
Bus : Business
Cvn : Caravan
Cen : Centre
Chu : Church
Chyd : Churchyard
Circ : Circle
Cir : Circus
Clo : Close
Comn : Common

Cotts : Cottages
Ct : Court
Cres : Crescent
Cft : Croft
Dri : Drive
E : East
Embkmt : Embankment
Est : Estate
Fld : Field
Gdns : Gardens
Gth : Garth
Ga : Gate
Gt : Great
Grn : Green
Gro : Grove
Ho : House
Ind : Industrial
Junct : Junction

La : Lane
Lit : Little
Lwr : Lower
Mc : Mac
Mnr : Manor
Mans : Mansions
Mkt : Market
Mdw : Meadow
M : Mews
Mt : Mount
N : North
Pal : Palace
Pde : Parade
Pk : Park
Pas : Passage
Pl : Place
Quad : Quadrant
Res : Residential

Ri : Rise
Rd : Road
Shop : Shopping
S : South
Sq : Square
Sta : Station
St : Street
Ter : Terrace
Trad : Trading
Up : Upper
Va : Vale
Vw : View
Vs : Villas
Wlk : Walk
W : West
Yd : Yard

POSTTOWN AND POSTAL LOCALITY ABBREVIATIONS

Act T : Acton Trussell
Arm : Armitage
Aston : Aston
Ast I : Astonfields Ind. Est.
Bed : Bednall
Bre : Brereton
Broc : Brocton
Colw : Colwich
Copp : Coppenhall

Cot H : Cotes Heath
Cot C : Coton Clanford
Derr : Derrington
Ecc : Eccleshall
Gt Bri : Great Bridgeford
Gt Hay : Great Haywood
Hand : Handsacre
Hau : Haughton
Hixon : Hixon

Hopt : Hopton
Hyde L : Hyde Lea
Ing : Ingestre
L Hay : Little Haywood
Milf : Milford
Oul : Oulton
Penk : Penkridge
Ran : Ranton
Rug : Rugeley

Seigh : Seighford
Staf : Stafford
Stone : Stone
Stone B : Stone Bus. Pk.
Tix : Tixall
Walt : Walton
West : Weston

INDEX TO STREETS

Abbey Clo. *Penk* —3D **24**
Abbey Dri. *L Hay* —5F **17**
Abbeyfields. *Gt Hay* —3D **16**
Abbey St. *Stone* —3C **2**
Abbots Wlk. *Rug* —6B **22**
Abbots Wlk. *Staf* —6E **7**
Ablon Ct. *Penk* —4C **24**
Acton Hill Rd. *Act T* —5H **19**
Adies All. *Stone* —3C **2**
Airdale Gro. *Stone* —1D **2**
Airdale Rd. *Stone* —1D **2**
Airdale Spinney. *Stone* —1D **2**
Albany Dri. *Rug* —1C **22**
Albert St. *Stone* —2C **2**
Albert Ter. *Staf* —6E **7**
Albion St. *Rug* —3D **22**
Aldbury Clo. *Staf* —2D **6**
Alder Gro. *Stal* —6B **22**
Aldershaw Clo. *Staf* —2C **6**
Aldersleigh Dri. *Staf* —2A **20**
Aldrin Clo. *Staf* —6H **7**
Alexandra Rd. *Staf* —4E **13**
Alexandra St. *Stone* —2B **2**
Allen Birt Wlk. *Rug* —1C **22**
Allendale. *Staf* —3B **6**
Alliance St. *Staf* —6C **6**
Alliss Clo. *Staf* —1A **14**
Alma St. *Stone* —2B **2**
Alsop Crest. *Act T* —6H **19**
Alstone Clo. *Staf* —5B **6**
Altona Clo. *Stone* —4D **2**

Amblefield Way. *Staf* —2C **6**
Ambleside Clo. *Stone* —3F **3**
Ampleforth Dri. *Staf* —5H **13**
Aneurin Bevan Pl. *Rug* —2C **22**
Anson Dri. *Staf* —1D **20**
Anson M. *Rug* —3E **23**
Anson's Row. *L Hay* —5E **17**
Anson St. *Rug* —3D **22**
(in two parts)
Antler Dri. *Rug* —2A **22**
Appledore Clo. *Staf* —5C **14**
Appleyard Ct. *Staf* —2E **13**
Arch St. *Rug* —4E **23**
Arden Clo. *Rug* —3B **22**
Ardingley Av. *Staf* —4H **13**
Armishaw Pl. *Rug* —6R **22**
Armitage Gdns. *Rug* —6G **23**
Armitage La. *Rug* —6B **22**
(in two parts)
Armitage Rd. *Rug* —4E **23**
Armstrong Av. *Staf* —6G **7**
Arthur Evans Clo. *Rug* —6A **22**
Arthur St. *Stone* —1C **2**
Arthur Wood Pl. *Rug* —2C **22**
Ascot Rd. *Staf* —4A **14**
Ash Ct. *Penk* —4D **24**
Ashdale Clo. *Stone* —4C **2**
Ashdale Dri. *Staf* —3D **6**
Ash Dri. *Hau* —6D **10**
Ashflats La. *Staf* —4E **19**
Ashford Gro. *Stone* —4E **3**

Ashlands. *Hixon* —1H **17**
Ashleigh Rd. *Rug* —5D **22**
Ashley Clo. *Staf* —1A **12**
Ashridge Wlk. *Staf* —2D **6**
Ash Ri. *Staf* —3E **19**
Ash Rd. *Stone* —4D **2**
Ashtree Bank. *Rug* —6F **23**
Ashtree Clo. *L Hay* —5F **17**
Aspen Cft. *Staf* —5B **12**
Aston Bank. *Aston* —1G **11**
Aston Chase. *Stone* —3F **3**
Aston Clo. *L Hay* —5F **17**
Aston Clo. *Penk* —4D **24**
Astonfields Ind. Est. *Ast I* —5E **7**
(in two parts)
Astonfields Rd. *Ast I* —5E **7**
Astonfields Rd. Bus. Pk. *Staf* —5E **7**
Aston Hill. *Aston* —1G **11**
Aston Lodge Parkway. *Stone* —5F **3**
Aston Ter. *Staf* —5E **7**
Astoria Dri. *Staf* —1F **19**
Athelstan Clo. *Penk* —3D **24**
Attlee Cres. *Rug* —5E **23**
Attlee Cres. *Staf* —6C **12**
Auden Way. *Staf* —5C **12**
Augustine Clo. *Stone* —4E **3**
Austin Clo. *Stone* —4C **2**
Austin Friars. *Staf* —3E **13**
Avarne Pl. *Staf* —2E **13**

Avenue, The. *Stone* —2C **2**
Averill Dri. *Rug* —2C **22**
Averill Rd. *Staf* —5C **12**
Avon Clo. *Staf* —2H **13**
Avon Gro. *Stone* —5D **2**
Avon Hill. *Staf* —2A **14**
Avonloa Gdns. *Rug* —3B **22**
Avon Ri. *Staf* —2H **13**

Babbacombe Av. *Staf* —5C **14**
Bk. Browning St. *Staf* —1D **12**
Back La. *Hau* —5D **10**
Back La. *Hixon* —1H **17**
Back La. *L Hay* —5E **17**
Back La. *Rug* —3D **22**
Bk. Radfords. *Stone* —3C **2**
Badgers Cft. *Ecc* —1C **4**
Badgers Cft. *Staf* —1A **20**
Bagots Oak. *Staf* —6C **12**
Bailey St. *Staf* —3E **13**
Bakewell Dri. *Stone* —6F **3**
Balk Pas. *Staf* —2D **12**
Balmoral Clo. *Stone* —5D **2**
Balmoral Rd. *Staf* —4A **14**
Bank Pas. Staf —2E **13**
(off Market Sq.)
Bank Side. *Stone* —5B **2**
Bank Top. *Rug* —3C **22**
Barker Clo. *Staf* —2C **12**
Barlaston Clo. *Staf* —3C **6**

Barley Ct. *Staf* —6A **6**
Barn Bank La. *Staf* —2C **18**
Barn Clo. *Rug* —6B **22**
Barn Clo. *Staf* —2E **19**
Barnes Rd. *Staf* —6C **12**
Barnfield Clo. *Stone* —4B **2**
Barnfield Way. *Staf* —1A **20**
Baron's Way. *Hixon* —2H **17**
Bartlett Clo. *Penk* —3C **24**
Basil Clo. *Staf* —2F **19**
Baswich Bus. Pk. *Staf* —3A **14**
Baswich Crest. *Staf* —4B **14**
Baswich Ho. Dri. *Staf* —6B **14**
Baswich Ho. Way. *Staf* —6B **14**
Baswich La. *Staf* —4A **14**
Batesway. *Rug* —6B **22**
Batholdi Way. *Staf* —5G **13**
Baths La. *Hixon* —2H **17**
Battle Ridge. *Hopt* —2B **8**
Baxter Grn. *Staf* —1B **12**
Bayswater Rd. *Rug* —3C **22**
Baywood Clo. *Staf* —4A **14**
Beacon Ri. *Stone* —5B **2**
Beacon Rd. *Stone* —6C **2**
Beaconside. *Staf* —5G **7**
  (nr. Sandon Rd.)
Beaconside. *Staf* —2C **6**
  (nr. Stone Rd.)
Beaconside Clo. *Staf* —6G **7**
Beaumont Gdns. *Staf* —5B **12**
Bedford Av. *Staf* —2G **13**
Bedford Way. *Rug* —6C **22**
Bedingstone Dri. *Penk* —5D **24**
Bednall Rd. *Act T* —6H **19**
Beech Clo. *Hau* —6D **10**
Beech Ct. *Stone* —3D **2**
Beechcroft Av. *Staf* —3C **12**
Beeches Rd. *Rug* —6F **23**
Beeches, The. *Rug* —1C **22**
Beechfield Dri. *Staf* —2B **20**
Beech La. *Copp* —4C **18**
Beechmere Ri. *Rug* —2A **22**
Beechmount Ri. *Staf* —6A **14**
Beech Rd. *Ecc* —2B **4**
Beechway. *Staf* —5D **6**
Beechwood Dri. *Stone* —5C **2**
Bees La. *Rug* —3D **22**
Beeston Ridge. *Staf* —6B **12**
Belfort Way. *Staf* —5G **13**
Bellasis St. *Staf* —5D **6**
Bellbrook. *Penk* —2B **24**
Bell Clo. *Staf* —6F **7**
Belvedere Clo. *Staf* —5A **14**
Benenden Clo. *Staf* —5H **13**
Berkeley St. *Stone* —2B **2**
Berry Rd. *Staf* —4B **6**
Bertelin Rd. *Staf* —4F **7**
Betjeman Wlk. *Staf* —6C **12**
Beton Way. *Staf* —3D **6**
Betty Hatch La. *Staf* —6G **7**
Beverley Clo. *Penk* —4C **24**
Beverley Dri. *Staf* —3C **6**
Bideford Av. *Staf* —5B **14**
Bigwood La. *Hyde L* —3A **18**
Bilberry Clo. *Rug* —3B **22**
Billington Av. *L Hay* —4F **17**
Billington Bank. *Hau* —6F **11**
Billington La. *Derr* —3F **11**
Binyon Clo. *Staf* —6B **12**
Birch Clo. *Gt Hay* —4D **16**
Birch Clo. *Staf* —1D **20**
Birches, The. *Staf* —6F **13**
Birchfields Clo. *Stone* —5B **2**
Birch La. *Rug* —6E **23**
Birch Rd. *Stone* —4D **2**
Birchtree La. *Rug* —6D **22**
Birkdale Dri. *Staf* —1A **14**
Bishops Ct. *Ecc* —1B **4**
Bishops Grange. *Rug* —2E **23**

Bitham Clo. *Penk* —3C **24**
Blackberry La. *Staf* —1C **12**
  (in two parts)
Black Dri. *Ing* —5G **9**
Blackheath La. *Staf* —6C **8**
Blackhole La. *Derr* —3E **11**
Blackies La. *Stone* —5F **3**
  (in two parts)
Blakiston St. *Staf* —1F **13**
Blithbury Rd. *Rug* —1F **19**
Blithfield Ho. *Staf* —1F **19**
Blount Clo. *Penk* —4C **24**
Blythe Rd. *Staf* —1E **19**
Boardman Cres. *Staf* —3C **12**
Boat La. *West* —1G **9**
Bodmin Av. *Staf* —5B **14**
Boningale Way. *Staf* —5B **12**
Bonnington Cres. *Staf* —3B **12**
Boon Gro. *Staf* —1E **19**
Boons Ind. Est. *Staf* —4G **11**
Border Way. *Staf* —1E **19**
Boscomoor Clo. *Penk* —4B **24**
Boscomoor Ct. *Penk* —4B **24**
Boscomoor Ind. Est. *Penk*
  —4B **24**
Boscomoor La. *Penk* —4B **24**
Bostick Clo. *Stone* —6F **3**
Boundary Clo. *Stone* —6B **2**
Bower La. *Rug* —2A **22**
Bowers Ct. *Stone* —4F **3**
Bow St. *Rug* —3D **22**
  (in two parts)
Boyden Clo. *Penk* —4D **24**
Bracken Clo. *Staf* —4B **6**
Brackenfield Way. *Staf* —3D **6**
Bracken Vw. *Broc* —4F **21**
Bracken Way. *Rug* —2B **22**
Bradbury Ri. *Staf* —1A **12**
Bradley La. *Hyde L* —2B **18**
Bradshaw Way. *Staf* —3D **6**
Bramall La. *Staf* —5C **6**
Brambleside. *Staf* —6A **14**
Bramble Way. *Rug* —3B **22**
Bramblings, The. *Staf* —1B **20**
Bramhall Clo. *Seigh* —4D **4**
Brandons, The. *Staf* —2F **19**
Brandon Wlk. *Stone* —4C **2**
Braunton Av. *Staf* —6C **14**
Brawdean Dri. *Penk* —2C **24**
Brazenhill La. *Hau* —5A **10**
Brean Rd. *Staf* —6C **14**
Brendon Clo. *Staf* —5B **14**
Brereton Hill. *Rug* —6B **22**
Brereton Lodge. *Rug* —6F **23**
Brereton Mnr. Ct. *Rug* —6B **22**
Brereton Rd. *Rug* —5E **23**
Brewery La. *Gt Hay* —3D **16**
Brewery St. *Rug* —4E **23**
Briar Clo. *Rug* —3B **22**
Briar Clo. *Staf* —2D **20**
Briarsleigh. *Staf* —6A **14**
Brickfield Clo. *Hixon* —1H **17**
Brick Kiln La. *Broc* —4D **20**
Brick Kiln La. *Hopt* —2B **8**
  (in two parts)
Brick Kiln Way. *Rug* —6A **22**
Bridge Clo. *West* —1G **9**
Bridge Cres. *Stone* —4C **2**
Bridge St. *Staf* —2E **13**
Bridgewater Clo. *Penk* —3C **24**
Bridle Rd. *Staf* —1B **20**
Bridle Wlk. *Rug* —3A **22**
Brindley Bank Rd. *Rug* —1D **22**
Brindley Clo. *Penk* —4D **24**
Brindley Clo. *Staf* —3F **7**
Brinkburn Clo. *Rug* —3A **22**
Brisbane Rd. *Staf* —4B **6**
Broad Eye. *Staf* —2D **12**
  (in two parts)

Broad Mdw. Ct. *Staf* —1A **12**
Broad Oaks. *Staf* —2E **19**
Broad St. *Staf* —2D **12**
Broc Clo. *Penk* —3D **24**
Broc Hill Way. *Broc* —2G **21**
Brocton Cres. *Broc* —4D **20**
Brocton Heights. *Broc* —4G **21**
Brocton La. *Staf* —6D **14**
Brocton Rd. *Milf* —3G **21**
Bromfield Ct. *Stone* —2C **2**
Bromstead Cres. *Staf* —5B **6**
Brook Clo. *Penk* —4B **24**
Brooke Ct. *Staf* —5B **12**
Brook End. *Hau* —5D **10**
Brookfield Ct. *Stone* —5E **3**
Brookglen Rd. *Staf* —6E **13**
Brook La. *Broc* —3G **21**
Brookline Gdns. *Staf* —6A **6**
Brookmead Ind. Est. *Staf* —3F **7**
Brook Path. *Stone* —3B **2**
Brookside La. *Stone* —4A **2**
Brook Sq. *Rug* —4D **22**
Brookwillows. *Staf* —6A **14**
Broomfield Clo. *Stone* —5D **2**
Brooms Pk. Cvn. Pk. *Stone* —6D **2**
Brooms Rd. *Stone B* —6C **2**
Broughton Clo. *Staf* —4C **6**
Browning St. *Staf* —1D **12**
Browns Wlk. *Rug* —3C **22**
Brundle Av. *Staf* —2B **12**
Brunel Clo. *Staf* —3F **7**
Brunswick Ter. *Staf* —3D **12**
Bryans La. *Rug* —3E **23**
Buckingham Clo. *Staf* —4A **14**
Buckland Rd. *Staf* —2D **6**
Bull Hill. *Staf* —1E **13**
Bull Ring, The. *West* —1H **9**
Bungham La. *Penk* —3A **24**
Burcham Clo. *Staf* —4B **6**
Burford Rd. *Staf* —4B **14**
Burgage, The. *Ecc* —1B **4**
Burlington Dri. *Staf* —5B **12**
Burnett Ct. *Staf* —6A **6**
Burnfield Dri. *Rug* —3C **22**
Burnham Av. *Staf* —1B **20**
Burns Av. *Staf* —5B **12**
Burnthill La. *Rug* —5C **22**
Bursley Clo. *Staf* —1D **18**
Burton Bank La. *Staf* —2D **18**
  (in two parts)
Burton Mnr. Rd. *Staf* —1C **18**
Burton Sq. *Staf* —6E **13**
Bury Ring. *Hau* —6F **11**
Bushberry Clo. *Stone* —5B **2**
Bush Dri. *Rug* —3D **22**
Butterbank La. *Staf* —2D **10**
Butterhill Bank. *Stone* —6F **3**
Butts, The. *Gt Hay* —5E **17**
Byron Clo. *Staf* —6G **7**
Byron Pl. *Rug* —2B **22**

Caernarvon Av. *Stone* —6E **3**
Cairns Dri. *Staf* —6H **7**
Caldervale Dri. *Staf* —1B **20**
Camborne Clo. *Staf* —5C **14**
Cambrian La. *Rug* —1B **22**
Cambridge St. *Staf* —1G **13**
Camelford Clo. *Staf* —5C **14**
Cameo Way. *Staf* —4B **6**
Campbell Clo. *Rug* —2C **22**
Campion Clo. *Ecc* —3A **4**
Camp Rd. *Staf* —5F **21**
Canal Side. *Act T* —6G **19**
Canalside Rd. *Stone* —1A **2**
Canaway Wlk. *Rug* —2B **22**
Canberra Dri. *Staf* —1H **13**
Cannock Rd. *Broc & Bed* —3D **20**
Cannock Rd. *Penk* —2C **24**

Cannock Rd. *Staf* —6B **14**
Canons Clo. *Stone* —5C **2**
Cape Av. *Staf* —6B **12**
Carder Av. *Staf* —4B **6**
Cardigan Av. *Rug* —6C **22**
Carisbrooke Dri. *Staf* —6B **12**
Carling Clo. *Staf* —3B **12**
Carlton Sq. *Staf* —5B **12**
Carson Way. *Staf* —2C **12**
Carver Bus. Pk. *Staf* —5E **7**
Carver Rd. *Ast I* —5E **7**
Castle Acre. *Staf* —6B **12**
Castle Bank. *Staf* —5A **12**
Castle Ct. *Stone* —5E **3**
Castledene Dri. *Staf* —4C **12**
Castlefields. *Staf* —3D **12**
Castle Hill. *Staf* —2D **12**
Castle St. *Ecc* —1B **4**
Castle St. *Staf* —2D **12**
Castle Vw. *Derr* —4G **11**
Castle Vw. *Staf* —2D **12**
Castle Vw. Est. *Derr* —4G **11**
Castle Way. *Staf* —3C **12**
Catalan Clo. *Staf* —5G **13**
Catkin Wlk. *Rug* —2B **22**
Cedar Cres. *Rug* —6A **22**
Cedar Pk. *Stone* —3D **2**
Cedars Dri. *Stone* —6D **2**
Cedar Way. *Staf* —1D **20**
Cedar Way. *Stone* —3D **2**
Centre Rd. *Stone* —1A **2**
Chadsfield Rd. *Rug* —2D **22**
Chadwick Ct. *Rug* —4E **23**
Chain La. *Staf* —2E **19**
Chapelside. *Rug* —2C **22**
Chapel St. *Staf* —2E **13**
Chapel Ter. *Staf* —1E **13**
Charles Cotton St. *Staf* —5C **6**
Charlotte Clo. *L Hay* —5F **17**
Charnley Rd. *Staf* —5F **7**
Charnwood Clo. *Rug* —3B **22**
Charterhouse Dri. *Staf* —4H **13**
Chartley Clo. *Staf* —3C **6**
Chartwell Rd. *Staf* —5A **14**
Chase Cres. *Broc* —4E **21**
Chaseley Clo. *Rug* —3A **22**
Chaseley Rd. *Rug* —3A **22**
Chase Rd. *Broc* —4F **21**
Chase Side Dri. *Rug* —3C **22**
Chase Vw. La. *Copp* —3C **18**
Chaucer Rd. *Staf* —5C **12**
Chaulden Rd. *Staf* —2D **6**
Cheadle Clo. *Penk* —4C **24**
Chebsey Dri. *Staf* —5A **6**
Chelford Clo. *Penk* —2D **24**
Chell Clo. *Penk* —4C **24**
Chell Rd. *Staf* —2D **12**
Chelsea Way. *Staf* —3C **12**
Cheltenham Dri. *Staf* —6H **13**
Chepstow Dri. *Staf* —6A **14**
Cherrybrook Dri. *Penk* —2D **24**
Cherry Orchard. *Stone* —4E **3**
Cherry Tree Clo. *Ecc* —1B **4**
Cherry Tree Clo. *Stone* —6B **2**
Cherrytree Cres. *Gt Bri* —1D **4**
Cherry Tree Rd. *Rug* —6C **22**
Cherrywood Clo. *Staf* —1A **20**
Chesham Rd. *Staf* —5F **7**
Chester Rd. *Ecc* —1A **4**
Chestnut Clo. *Derr* —3G **11**
Chestnut Clo. *Hand* —4D **22**
Chestnut Gro. *Penk* —3B **24**
Chestnut Gro. *Stone* —1B **2**
Chetney Clo. *Staf* —1B **12**
Chetwynd Clo. *Penk* —4C **24**
Chetwynd Rd. *Rug* —6D **22**
Cheviot Dri. *Rug* —1B **22**
Chieveley Clo. *Rug* —3B **22**
Chiltern La. *Ecc* —2C **4**

Chilwell Av. *L Hay* —6G **17**
Christchurch Way. *Stone* —2C **2**
Christie Av. *Staf* —2C **12**
Christopher Ter. *Staf* —3G **13**
Church Clo. *Duns* —6F **19**
Church Clo. *Hau* —5C **10**
Church Clo. *Rug* —5B **22**
Church Clo. *Staf* —1F **19**
Church Clo. *Stone* —3D **2**
Church Cft. Gdns. *Rug* —2D **22**
Churchfield Clo. *Staf* —4A **14**
Churchfield Rd. *Ecc* —1A **4**
Church Gro. *Ecc* —1A **4**
Churchill Rd. *Stone* —4B **2**
Churchill Way. *Staf* —2E **19**
Church La. *Derr* —3G **11**
Church La. *Hixon* —2H **17**
Church La. *Oul* —1E **3**
Church La. *Rug* —2A **22**
  (nr. Mount Rd.)
Church La. *Rug* —3B **22**
  (nr. Woodcock Rd.)
Church La. *Staf* —2E **13**
Church M. *Rug* —3D **22**
Church Rd. *Hixon* —2H **17**
Church Rd. *Penk* —2B **24**
Church St. *Ecc* —1A **4**
Church St. *Rug* —3D **22**
Church St. *Stone* —3C **2**
Church Vw. *Rug* —4A **22**
Clanford Clo. *Staf* —2F **19**
Clanford La. *Cot C* —6C **4**
Claremont Clo. *Stone* —3D **2**
Claremont Gro. *Staf* —5B **12**
Claremont Rd. *Ecc* —2B **4**
Clarendon Dri. *Staf* —5B **12**
Clare Rd. *Staf* —4C **6**
Clark Cres. *Rug* —6C **22**
Clark St. *Staf* —2F **13**
Clay St. *Penk* —2B **24**
Clematis Clo. *Gt Bri* —1D **4**
Clement Clo. *Staf* —6F **7**
Clevedon Av. *Staf* —6B **14**
Cleveland Wlk. *Staf* —5B **12**
Cliff Rd. *Gt Hay* —3E **17**
Clifton Clo. *Staf* —2H **13**
Clifton Dri. *Staf* —2H **13**
Clinton Gdns. *Stone* —4C **2**
Close, The. *Staf* —4C **12**
  (ST16)
Close, The. *Staf* —2E **19**
  (ST17)
Cloverdale. *Staf* —6A **14**
Coach Ho. La. *Rug* —3D **22**
Coalpit La. *Rug* —6A **22**
Coalway Rd. *Rug* —6G **23**
Cocketts Nook. *Rug* —1B **22**
Coghlan Rd. *Staf* —5C **12**
Cole Dri. *Staf* —3C **12**
Coleridge Dri. *Staf* —5C **12**
Coley Gro. *L Hay* —5F **17**
Coley La. *L Hay* —5F **17**
Colton Rd. *Rug* —1D **22**
Colwich Cres. *Staf* —2A **14**
Commerce Dri. *Penk* —4B **24**
Common La. *Stone* —5A **2**
Common Rd. *Staf* —2E **7**
Common Rd. Ind. Est. *Staf* —3E **7**
  (in three parts)
Commonside Clo. *Staf* —5D **6**
Common Wlk. *Staf* —5D **6**
Compton Clo. *Staf* —3F **13**
Compton Rd. *Staf* —4B **14**
Congreve Clo. *Staf* —6D **14**
Conifer Gro. *Staf* —6B **12**
Coniston Clo. *Stone* —3F **3**
Coniston Ho. *Staf* —2F **13**
Convent Clo. *L Hay* —6F **17**
Conway Rd. *Staf* —1A **12**

Cooke Clo. *Penk* —1B **24**
Cook's Bank. *Act T* —6H **19**
Coombe Pk. Rd. *Stone* —6B **2**
Co-operative St. *Staf* —5D **6**
Cooper Clo. *Stone* —4F **3**
Copeland Dri. *Stone* —6F **3**
Cope St. *Staf* —2E **13**
Copper Glade. *Staf* —2H **13**
Coppice Brook. *Broc* —3G **21**
Coppice Gdns. *Stone* —2D **2**
Coppice La. *Rug* —6D **22**
Coppice Rd. *Rug* —6D **22**
Coppice Rd. *Stone* —2D **2**
Coppins, The. *Staf* —6A **14**
Cornwall Ct. *Rug* —6C **22**
Coronation Rd. *Staf* —4F **7**
Corporation St. *Staf* —6E **7**
Corran Rd. *Staf* —1D **18**
Coton Av. *Staf* —1H **13**
Coton La. *Ran* —1A **10**
Cotters Hill Clo. *L Hay* —5F **17**
Coulthwaite Way. *Rug* —6E **23**
County Rd. *Staf* —1E **13**
Coventry Ct. *Staf* —6A **6**
Covert Clo. *Gt Hay* —3D **16**
Cowan Dri. *Staf* —1G **13**
Cowley Clo. *Penk* —4C **24**
Cowley Clo. *Staf* —5C **12**
Cowlishaw Way. *Rug* —6E **23**
Crabbery St. *Staf* —2E **13**
Crab La. *Staf* —4B **6**
Crabtree Way. *Rug* —3B **22**
Craddock Rd. *Staf* —4C **6**
Craftdown Clo. *Staf* —3F **19**
Cramer St. *Staf* —3E **13**
Cranberry Clo. *Staf* —5A **6**
Cranbrook Wlk. *Staf* —5B **12**
Cranmore Gro. *Stone* —4E **3**
Cremorne Dri. *Staf* —6B **14**
Crescent Rd. *Staf* —4D **12**
Crescent, The. *Ecc* —2A **4**
Crescent, The. *Staf* —1B **12**
Crescent, The. *Stone* —2C **2**
Crescent, The. *Walt* —6D **14**
Crestwood Dri. *Stone* —5B **2**
Crestwood Ri. *Rug* —1B **22**
Creswell Ct. *Staf* —5C **6**
Creswell Dri. *Staf* —3H **5**
Creswell Farm Dri. *Staf* —4B **6**
Creswell Gro. *Staf* —2H **5**
Crinan Rd. *Staf* —1C **18**
Crispin Clo. *Staf* —3C **6**
Croft Rd. *Stone* —5B **2**
Croft, The. *Hixon* —2H **17**
Crompton La. *L Hay* —5G **17**
Crompton Rd. *Stone* —4D **2**
Cromwell Rd. *Hopt* —3B **8**
Crooked Bri. Rd. *Staf* —1E **13**
Cross Butts. *Ecc* —2A **4**
Crossing La. *Derr* —3E **11**
Crossley Stone. *Rug* —3D **22**
Cross Rd. *Rug* —5D **22**
Cross St. *Staf* —6D **6**
Croco Ct. *Stone* —2C **2**
Crossway. *Staf* —2G **13**
Crown Bri. *Penk* —2B **24**
Crown St. *Stone* —3C **2**
Croydon Dri. *Penk* —2B **24**
Cull Av. *Staf* —2G **13**
Cumbers, The. *Seigh* —4D **4**
Curzon Pl. *Rug* —5D **22**
Cypress Clo. *Staf* —4A **14**

Daffodil Wlk. *Rug* —3B **22**
Daimler Clo. *Staf* —5G **13**
Dale La. *Hau* —4D **10**
Danby Crest. *Staf* —5A **12**
Danta Way. *Staf* —4A **14**

Darnford Clo. *Staf* —3C **6**
Dart Av. *Staf* —5B **12**
Dartmouth St. *Staf* —2G **13**
Darwin Clo. *Staf* —1A **14**
Daurada Dri. *Staf* —5G **13**
Davis Clo. *Staf* —1G **13**
Davy Pl. *Rug* —6C **22**
Dawlish Av. *Staf* —6B **14**
Dayton Dri. *Rug* —2B **22**
Daywell Ri. *Rug* —1B **22**
Deacon Way. *Rug* —2E **23**
Deanery Clo. *Rug* —2D **22**
Deanshill Clo. *Staf* —3C **12**
Dearnsdale Clo. *Staf* —4B **6**
Deepdales. *Staf* —1A **20**
Deer Hill. *Broc* —3G **21**
Deerleap Way. *Rug* —3B **22**
Delafield Way. *Rug* —2B **22**
Delamere La. *Staf* —5A **12**
Dell Clo. *Staf* —3B **6**
Dene Clo. *Penk* —3C **24**
Denefield. *Penk* —3C **24**
Denstone Av. *Staf* —4H **13**
Denver Fold. *Staf* —5A **12**
Denzil Grn. *Staf* —1A **12**
Derby St. *Staf* —2D **12**
Derrington La. *Derr* —4G **11**
Derwent Av. *Stone* —3F **3**
Derwick Ind. Est. *Broc* —4D **20**
Devall Clo. *Rug* —5D **22**
Devonshire Dri. *Rug* —6C **22**
Devon Way. *Staf* —1D **18**
De-Wint Rd. *Stone* —4D **2**
Dexton Ri. *Staf* —5A **12**
Diamond Way. *Stone B* —6D **2**
Dickson Rd. *Staf* —6G **7**
Dobree Clo. *Colw* —6G **17**
Dolphin Clo. *Staf* —4A **14**
Dominic St. *Stone* —2C **2**
Dorrington Dri. *Staf* —5E **7**
Dorrington Ind. Pk. *Staf* —5D **6**
Douglas Rd. *Staf* —6G **7**
Doulton Rd. *Staf* —3H **7**
Dove Clo. *Staf* —1F **19**
Downderry Clo. *Staf* —5A **12**
Downfield Gro. *Staf* —3D **6**
Downing Gdns. *Stone* —4C **2**
Downs, The. *Staf* —6A **14**
Doxey Fields. *Staf* —1H **11**
Doxey Rd. *Staf* —1H **11**
Dreieich Clo. *Staf* —6F **7**
Drive, The. *Staf* —1B **12**
Druids Way. *Penk* —4C **24**
Drummond Rd. *Ast I* —5E **7**
Dryburgh Clo. *Staf* —6B **12**
Dryden Cres. *Staf* —4C **12**
Duce M. *Staf* —4A **14**
Dunster Clo. *Staf* —6B **12**
Durham Dri. *Rug* —6C **22**
Dutton Way. *Stone* —6B **2**

Eagle Cres. *Ecc* —2A **4**
Earl St. *Staf* —2E **13**
Earlsway. *Gt Hay* —3E **17**
Easby Clo. *Staf* —6B **12**
E. Butts Rd. *Rug* —3A **22**
East Clo. *Stone* —4B **2**
Eastgate St. *Staf* —2E **13**
Eastlands. *Staf* —5E **13**
Eastlands Clo. *Staf* —5E **13**
Eastlands Gro. *Staf* —5E **13**
Eccleshall Rd. *Gt Bri* —1E **5**
Eccleshall Rd. *Staf* —4A **6**
Eccleshall Rd. *Stone* —6A **2**
Edison Rd. *Staf* —6F **7**
Edmund Av. *Staf* —4B **12**
Edwards Clo. *Rug* —3D **22**
Edwards Dri. *Staf* —2C **12**

Edward St. *Stone* —2B **2**
Edwin Clo. *Penk* —3C **24**
Edwin Clo. *Staf* —5B **12**
Eggington Dri. *Penk* —4C **24**
Egg La. *Hixon* —2H **17**
Elford Clo. *Staf* —3C **6**
Eliot Way. *Staf* —4C **12**
Ellington Av. *Staf* —1H **13**
Elm Av. *Staf* —1D **20**
Elm Clo. *Gt Hay* —3D **16**
Elm Ct. *Hyde L* —2C **18**
Elm Cres. *Hixon* —2G **17**
Elmdon Clo. *Penk* —3D **24**
Elmhurst Clo. *Staf* —3C **6**
Elmore La. *Rug* —4D **22**
Elm Rd. *Stone* —3D **2**
Elmstone Clo. *Staf* —2C **20**
Elm Wlk. *Penk* —3A **24**
Elsdon Rd. *Staf* —1C **18**
Elworthy La. *Staf* —6G **7**
Embry Av. *Staf* —6G **7**
Emerald Way. *Stone B* —6D **2**
Epsom Dri. *Staf* —6A **14**
Ernald Gdns. *Stone* —4C **2**
Espley's Yd. *Staf* —3E **13**
Essex Dri. *Gt Hay* —2D **16**
Essex Dri. *Rug* —6C **22**
Essex Dri. *Stone* —6B **2**
Etching Hill Rd. *Rug* —3A **22**
Eton Clo. *Staf* —4H **13**
Exeter St. *Staf* —5F **13**

Fairfield Ct. *Staf* —5F **7**
Fairmead. *Staf* —1A **20**
Fairmount Way. *Rug* —3B **22**
Fairoak Av. *Staf* —3C **6**
Fairview Way. *Staf* —5A **14**
Fairway. *Staf* —2G **13**
Fallowfield. *Staf* —1A **20**
Fallowfield Clo. *Penk* —3B **24**
Fallowfield Clo. *Stone* —5E **3**
Falmouth Av. *Staf* —5C **14**
Falmouth Clo. *Staf* —5C **14**
Fancy Wlk. *Staf* —6D **6**
Faraday Rd. *Staf* —6F **7**
Farley La. *Gt Hay* —1E **17**
Farm Clo. *Rug* —2B **22**
Farmdown Rd. *Staf* —4A **14**
Farrier Clo. *Stone* —4F **3**
Featherbed La. *Hixon* —2H **17**
Felden Clo. *Staf* —2D **6**
Fellfield Way. *Staf* —3D **6**
Fennel Dri. *Staf* —?F **19**
Ferncombe Dri. *Rug* —2B **22**
Fern Dri. *Staf* —1A **12**
Fernhurst Clo. *Stone* —4E **3**
Fernie Clo. *Stone* —5E **3**
Fernleigh Gdns. *Staf* —6A **6**
Fernwood. *Staf* —4D **6**
Fernwood Cen., The. *Rug*
  —2C **22**
Fernwood Dri. *Rug* —2C **22**
Ferrers Rd. *West* —1H **9**
Field Cres. *Derr* —3F **11**
Field Ho. Ct. *Stone* —1B **2**
Field Pl. *Rug* —5A **22**
Field Pl. *Staf* —5E **7**
Fieldside. *Staf* —2B **20**
Fieldsway. *Stone* —3A **2**
Field Ter. *Stone* —2C **2**
Filance Clo. *Penk* —4C **24**
Filance La. *Penk* —4C **24**
Fillybrooks Clo. *Stone* —3B **2**
Fillybrooks, The. *Stone* —1A **2**
Finches Hill. *Rug* —2B **22**
Firbeck Gdns. *Staf* —6A **14**
Firs Clo., The. *Staf* —1B **20**
First Av. *Staf* —3C **6**

Firtree Clo.—Jubilee Ct.

Firtree Clo. *Copp* —4C **18**
Flax Cft. *Stone* —4D **2**
Flaxley Rd. *Rug* —6C **22**
Flax Ovens, The. *Penk* —1B **24**
Fonthil Rd. *Staf* —5F **7**
Ford Clo. *Stone* —4C **2**
Foregate Clo. *Staf* —1E **13**
Foregate St. *Staf* —1D **12**
Forest Clo. *L Hay* —5F **17**
Forge M. *Rug* —4E **23**
Forge Rd. *Rug* —4E **23**
Forrester Rd. *Stone* —4D **2**
Fortescue La. *Rug* —2D **22**
Foxcote Clo. *Staf* —2C **20**
Foxglove Clo. *Rug* —3B **22**
Foxgloves Av. *L Hay* —6F **17**
Fox Hollow. *Ecc* —2C **4**
Foxwood Clo. *Stone* —5A **2**
Francis Clo. *Penk* —3D **24**
Francis Grn. La. *Penk* —2C **24**
Frank Gee Clo. *Rug* —3C **22**
Frank Rogers Wlk. *Rug* —2C **22**
Fraser Clo. *Stone* —6B **2**
Frederick Rd. *Penk* —2C **24**
Freemen St. *Staf* —6E **7**
Frew Clo. *Staf* —1G **13**
Friars Av. *Stone* —4B **2**
Friars' Rd. *Staf* —3E **13**
Friars' Ter. *Staf* —3E **13**
Friar St. *Staf* —6D **6**
Friars' Wlk. *Staf* —3E **13**
Frinton Clo. *Staf* —5F **7**
Fullmore Clo. *Penk* —4C **24**
Furlong Clo. *West* —1G **9**
Furness Gro. *Staf* —6B **12**

Gaol Butts. *Ecc* —2A **4**
Gaolgate St. *Staf* —2E **13**
Gaol Rd. *Staf* —1E **13**
Gaol Sq. *Staf* —1E **13**
Garden Dri. *Rug* —5E **23**
Garden Pl. *Staf* —3F **13**
Garden St. *Staf* —3E **13**
Garden Vw. *Rug* —3C **22**
Garrick Ri. *Rug* —6G **23**
Garrod Sq. *Staf* —6H **7**
Garth Clo. *Staf* —2E **19**
Garth Rd. *Staf* —2F **19**
George Bailey Ct. *Staf* —4F **13**
George Brealey Clo. *Rug* —5E **23**
George La. *Stone* —4F **3**
George St. *Staf* —6D **6**
Gillingham Cres. *Staf* —3B **12**
Glade, The. *Staf* —5H **13**
Gladstone Way. *Staf* —6A **8**
Glamis Dri. *Stone* —6E **3**
Glastonbury Clo. *Staf* —1B **20**
Glebe Av. *Staf* —5D **6**
Glebelands. *Staf* —1F **19**
Glebelands. *Staf* —2F **19**
Gleneagles Dri. *Staf* —2A **14**
Glenhaven. *Rug* —2B **22**
Glen, The. *Stone* —4C **2**
Glenthorne Clo. *Staf* —2B **20**
Globe Av. *Staf* —1F **19**
Glover St. *Staf* —1D **12**
Goodill Clo. *Stone* —6B **2**
Goods Sta. La. *Penk* —1B **24**
Gordon Av. *Staf* —4C **6**
Gorsebrook Leys. *Staf* —6A **6**
Gorseburn Way. *Rug* —2B **22**
Gorse La. *Rug* —6E **23**
Gorse Rd. *Rug* —6E **23**
Gorsley Dale. *Staf* —1A **20**
Gorsty La. *Cot C* —2C **10**
Gough Clo. *Staf* —3C **6**
Gower Rd. *Stone* —4D **2**
Grange Av. *Penk* —4B **24**

Grange Cres. *Penk* —4A **24**
Grange Rd. *Penk* —4B **24**
Grange Rd. *Stone* —4E **3**
Grange, The. *Hyde L* —2C **18**
Granville Sq. *Stone* —2C **2**
Granville Ter. *Stone* —2C **2**
Grassmere Hollow. *Staf* —6H **5**
Grassy La. *Hau* —5D **10**
Gravel La. *Staf* —3F **19**
Gray Wlk. *Staf* —6C **12**
Greenacres. *Rug* —5C **22**
Green Clo. *Stone* —4B **2**
Greenfield Rd. *Staf* —1B **20**
Greenfields Dri. *Rug* —3C **22**
Greenfields Rd. *Hixon* —1H **17**
Greengate St. *Staf* —2E **13**
  (in two parts)
Green Gore La. *Staf* —6D **14**
Green La. *Derr* —4B **10**
Green La. *Ecc* —2B **4**
Green La. *Hyde L* —3C **18**
Green La. *Rug* —2B **22**
Green Pk. *Ecc* —2B **4**
Green Rd. *West* —1G **9**
Greensome Clo. *Staf* —6A **6**
Greensome Ct. *Staf* —1A **12**
Greensome Cres. *Staf* —6A **6**
Greensome La. *Staf* —6A **6**
Green, The. *Broc* —4F **21**
Green, The. *Milf* —6G **15**
Green, The. *Rug* —6F **23**
Green, The. *West* —1H **9**
Greenway. *Ecc* —2B **4**
Greenway. *Staf* —2G **13**
Greenway Av. *Stone* —5C **2**
Greenways. *Hyde L* —2C **18**
Greenways. *Penk* —3D **24**
Greenwood Gro. *Staf* —6C **12**
Greville Clo. *Penk* —3C **24**
Grey Friars. *Staf* —6D **6**
Greyfriars Bus. Pk. *Staf* —1D **12**
Grey Friars' Pl. *Staf* —6D **6**
Grey Friars Way. *Staf* —1D **12**
Greylarch La. *Staf* —1A **20**
Griffiths Way. *Stone* —5F **3**
Grindcobbe Gro. *Rug* —1C **22**
Grissom Clo. *Staf* —6G **7**
Grocott Clo. *Penk* —1B **24**
Grosvenor Clo. *Penk* —2C **24**
Grosvenor Way. *Staf* —1C **20**
Grove Rd. *Stone* —3A **2**
Guildhall Shop. Cen. *Staf* —2E **13**
Gunnell Clo. *Staf* —3C **12**

Haddon Pl. *Stone* —4F **3**
Hagley Dri. *Rug* —3C **22**
Hagley Pk. Gdns. *Rug* —5C **22**
Hagley Rd. *Rug* —3C **22**
Haling Clo. *Penk* —3C **24**
Haling Rd. *Penk* —2C **24**
Hallahan Clo. *Stone* —5E **3**
Hall Clo. *Staf* —6G **13**
Hambridge Clo. *Staf* —6D **12**
Hammonds Clo. *Hixon* —2H **17**
Hampton Ct. *Rug* —1C **22**
Hanyards La. *Tix* —2C **14**
Harcourt Way. *Staf* —4B **6**
Hardie Av. *Rug* —5D **22**
Hardy Rd. *Staf* —5B **12**
Hargreaves La. *Staf* —4D **12**
Harland Clo. *L Hay* —5F **17**
Harley Clo. *Rug* —6E **23**
Harley Rd. *Rug* —2E **23**
Harmony Grn. *Staf* —5B **12**
Harney Ct. *Rug* —1C **22**
Harris Rd. *Staf* —1H **13**
Harrowby St. *Staf* —2G **13**
Harrow Pl. *Stone* —4E **3**

Hartland Av. *Staf* —6C **14**
Hartlands Rd. *Ecc* —1B **4**
Hartsbourne Way. *Staf* —6A **14**
Hartwell Gro. *Staf* —4A **6**
Hatherton Rd. *Penk* —2C **24**
Hatherton St. *Staf* —2G **13**
Hawke Rd. *Staf* —4C **6**
Hawkesmore Dri. *L Hay* —6F **17**
Hawksmoor Rd. *Staf* —6E **13**
Hawley Clo. *Stone* —6F **3**
Hawthorn Av. *Stone* —6B **2**
Hawthorn Clo. *Gt Bri* —1D **4**
Hawthorn Clo. *Hau* —5C **10**
Hawthorn Way. *Rug* —3C **22**
Hawthorn Way. *Staf* —4G **13**
Haybarn, The. *Staf* —4F **7**
Haywood Grange. *L Hay* —6F **17**
Haywood Heights. *L Hay* —4F **17**
Hazeldene. *Gt Hay* —3E **17**
Hazel Gro. *Staf* —3C **6**
Hazlestrine La. *Staf* —2A **20**
Hazleton Grn. *Staf* —1D **18**
Hearn Ct. *Staf* —6D **12**
Heath Dri. *Staf* —4B **6**
Heather Clo. *Broc* —4G **21**
Heather Clo. *Gt Bri* —1E **5**
Heather Clo. *Rug* —6E **23**
Heather Hill. *Broc* —3F **21**
Heathfield Av. *Stone* —4C **2**
Heath Gdns. *Stone* —5B **2**
Heath Rd. *Rug* —6E **23**
Heath Ter. *Ecc* —2A **4**
Hednesford Rd. *Rug* —6C **22**
Heenan Gro. *Staf* —2E **19**
Helen Sharman Dri. *Staf* —6G **7**
Helford Gro. *Staf* —5B **12**
Hempbutts, The. *Stone* —3D **2**
Hempits Gro. *Act T* —6H **19**
Henley Grange. *Rug* —3A **22**
Henney Clo. *Penk* —4C **24**
Henry St. *Staf* —5F **7**
Herbert Rd. *Staf* —4E **13**
Herons Clo. *Staf* —6A **14**
Heron St. *Rug* —4E **23**
Heronswood. *Staf* —6A **14**
Hesketh Rd. *Staf* —1D **18**
High Chase Ri. *L Hay* —5F **17**
High Falls. *Rug* —5D **22**
Highfield Clo. *Act T* —6H **19**
Highfield Dri. *L Hay* —5F **17**
Highfield Gro. *Staf* —6D **12**
Highfield Rd. *Hixon* —2H **17**
Highgrove. *Stone* —6E **3**
Highlands. *Staf* —5D **12**
Highlands. *Stone* —6B **2**
Highland Way. *Rug* —1B **22**
High Pk. *Staf* —4C **6**
High St. *Ecc* —1A **4**
High St. *Hixon* —2H **17**
High St. *Stone* —3C **2**
Hilcote Hollow. *Staf* —5B **6**
Hillary Crest. *Rug* —6D **22**
Hill Cres. *Stone* —5C **2**
Hill Crest. *Staf* —5C **12**
Hill Cft. *Hixon* —2H **17**
Hillcroft Av. *Staf* —6C **14**
Hill Dri. *Stone* —5C **2**
Hillfarm Clo. *Staf* —2F **19**
Hillside. *Ecc* —2B **4**
Hillside Clo. *Rug* —6B **22**
Hillside Dri. *L Hay* —5F **17**
Hill St. *Rug* —4D **22**
Hilltop. *Rug* —5E **23**
Hillway Clo. *Rug* —3C **22**
Hinton Clo. *Staf* —1F **19**
Hislop Rd. *Rug* —6D **22**
Hixon Airfield Est. *Hixon* —1G **17**
Hixon Airfield Ind. Est. *Hixon*
—1G **17**

Hixon Ind. Est. *Hixon* —2G **17**
Hobbs Vw. *Rug* —6B **22**
Hogan Way. *Staf* —1A **14**
Holbeach Way. *Staf* —1B **12**
Holdiford Rd. *Milf* —6H **15**
Hollins Bus. Cen. *Staf* —6D **6**
  (off Rowley St.)
Holly Bank Vw. *Rug* —6B **22**
Holly Dri. *Staf* —1D **20**
Holly Gro. *Stone* —4D **2**
Hollyhurst. *Staf* —2B **20**
Holly La. *Hau* —4A **10**
Holly Lodge Clo. *Rug* —4D **22**
Holmcroft Rd. *Staf* —5C **6**
Holme Ri. *Penk* —2D **24**
Holmes Clo. *Staf* —3B **12**
Holyoake Pl. *Rug* —1C **22**
Holyrood Clo. *Stone* —6E **3**
Homestead Ct. *Staf* —4E **7**
Honiton Clo. *Staf* —5C **14**
Hoomill La. *Gt Hay* —1C **16**
Hopton Bank. *Hopt* —2A **8**
Hopton Ct. *Staf* —6D **6**
Hoptonhall La. *Hopt* —2A **8**
Hopton La. *Hopt* —2H **7**
Hopton St. *Staf* —5F **7**
Hornscroft. *Rug* —5A **22**
Horse Fair. *Ecc* —1B **4**
Horse Fair. *Rug* —4D **22**
Horseshoe Dri. *Rug* —3A **22**
Hoskins Clo. *Stone* —4E **3**
Howard Rd. *Staf* —6E **13**
Hunters Ride. *Staf* —3E **19**
Huntsmans Wlk. *Rug* —3B **22**
Hurlingham Rd. *Staf* —4B **6**
Hurstbourne Clo. *Rug* —2B **22**
  (off Lansdowne Way)
Hurstmead Dri. *Staf* —2A **20**
Hussey Clo. *Penk* —4C **24**
Hutchinson Clo. *Rug* —2A **22**
Hyde Ct. *Staf* —6D **12**
Hyde Lea Bank. *Hyde L* —2C **18**

Ingestre Rd. *Staf* —4E **13**
Inglemere Dri. *Staf* —1A **20**
Ingleside. *Rug* —3B **22**
Inglewood. *Staf* —4D **12**
Isabel Clo. *Staf* —5B **12**
Island Grn. *Staf* —1B **20**
Ivy Clo. *Act T* —6H **19**
Ivy Cottage Mobile Home Pk.
  Hopt —1B **8**
Ivy Ct. *Act T* —6G **19**
Ivy Ct. *Hixon* —2G **17**
Izaak Walton Clo. *Staf* —5D **6**
Izaak Walton St. *Staf* —6D **6**
Izaak Walton Wlk. *Staf* —3D **12**

James Warner Clo. *Rug* —3C **22**
Jasmine Rd. *Gt Bri* —1D **4**
Jeffery Clo. *Rug* —1C **22**
Jerningham St. *Staf* —2D **12**
Jervis Rd. *Stone* —4D **2**
John Amery Dri. *Staf* —1D **18**
John Ball Clo. *Rug* —1C **22**
John Donne St. *Staf* —5D **6**
Johnson Clo. *Rug* —2C **22**
Johnson Gro. *Stone* —5F **3**
John St. *Staf* —1G **13**
John Till Clo. *Rug* —3D **22**
Jolt La. *Hau* —6C **10**
Jones Clo. *Staf* —6D **12**
Jones La. *Rug* —4B **22**
Jordan Way. *Stone* —4D **2**
Joseph Dix Dri. *Rug* —2C **22**
Joyce's La. *Bed H* —6E **21**
Jubilee Ct. *Staf* —6F **7**

Naggington Dri. *Penk* —4D **24**
Nanny Goat La. *Stone* —2C **2**
Nash Av. *Staf* —5B **6**
Nash La. *Act T* —6H **19**
Nelson Way. *Staf* —1E **19**
Newall Av. *Staf* —6H **7**
Newbury Clo. *Staf* —6A **14**
Newcastle Rd. *Cot H* —1B **4**
Newcastle Rd. *Stone* —1A **2**
Newcastle St. *Stone* —2B **2**
New Garden St. *Staf* —3E **13**
Newland Av. *Staf* —4D **6**
Newlands Clo. *Penk* —4C **24**
Newlands Clo. *Stone* —5B **2**
Newman Clo. *Stone* —3E **3**
Newman Gro. *Rug* —5E **23**
Newport Rd. *Ecc* —3B **4**
Newport Rd. *Gt Bri* —1E **5**
Newport Rd. *Hau* —5C **10**
Newport Rd. *Staf* —4B **12**
Newquay Av. *Staf* —5B **14**
New Rd. *Hixon* —2G **17**
New Rd. *Penk* —2B **24**
New Rd. Est. *Hixon* —1G **17**
New St. *Staf* —6D **6**
Newton Rd. *Staf* —6F **7**
Nicholl's La. *Oul* —1D **2**
Norfolk Way. *Staf* —6C **12**
Norman Rd. *Penk* —3D **24**
North Av. *Staf* —4D **6**
N. Castle St. *Staf* —2D **12**
Northcote Clo. *L Hay* —5G **17**
Northesk St. *Stone* —2B **2**
North Pl. *Staf* —6D **6**
North Walls. *Staf* —2E **13**
Nursery Dri. *Penk* —1B **24**
Nursery La. *Staf* —6D **6**
Nursery Rd. *Rug* —6A **22**

Oak Av. *Staf* —1D **20**
Oak Clo. *Gt Hay* —4E **17**
Oakfield Clo. *Rug* —2A **22**
Oak Gdns. *Hau* —5D **10**
Oakhurst Pk. *Rug* —6A **22**
Oaklands Dri. *Staf* —4D **12**
Oaklands, The. *Rug* —3B **22**
Oakleigh Cl. *Stone* —5F **3**
Oakleigh Dri. *Rug* —6G **23**
Oakley Clo. *Penk* —2D **24**
Oakley Copse. *Rug* —5A **22**
Oakridge Clo. *Staf* —2C **20**
Oakridge Way. *Staf* —2C **20**
Oak Rd. *Ecc* —2A **4**
Oak Rd. *Staf* —4C **12**
Oak Rd. *Stone* —3D **2**
Oaktree Clo. *Staf* —6B **12**
Oaktree Rd. *Rug* —6E **23**
Oakwood. *Rug* —3A **22**
Oldacre La. *Broc* —4F **21**
Old Chancel Rd. *Rug* —2D **22**
Old Coach La. *Broc* —3F **21**
Old Croft Rd. *Staf* —2C **20**
Old Eaton Rd. *Rug* —1D **22**
Oldfield Dri. *Stone* —5E **3**
Oldfields Cres. *Gt Hay* —3E **17**
Oldfields La. *Gt Hay* —2E **17**
Oldford La. *Cot C* —1D **10**
Oldhill La. *Tix* —4H **15**
Old Rectory Rd. *Stone* —3D **2**
Old Rickerscote La. *Staf* —2F **19**
Old Rd. *Stone* —2C **2**
Old Rd. *West* —1H **9**
Old Rd. Clo. *Stone* —2C **2**
Old School Clo. *West* —1H **9**
One Oak Ri. *Staf* —2F **19**
Opal Way. *Stone B* —6B **2**
Orchard Clo. *Oul* —4B **2**
Orchard Clo. *Penk* —2C **24**

Orchard Clo. *Rug* —1D **22**
Orchard Cres. *Penk* —2C **24**
Orchard La. *Hyde L* —2C **18**
Orchard St. *Staf* —3E **13**
Orchard, The. *Hopt* —1A **8**
Orchard, The. *L Hay* —5E **17**
Orwell Dri. *Staf* —5B **12**
Osborne Cres. *Staf* —5A **14**
Otherton Clo. *Penk* —3B **24**
Otherton La. *Penk* —5C **24**
Otterburn Clo. *Staf* —1B **20**
Oulton Rd. *Stone* —2C **2**
Oulton Way. *Staf* —5B **6**
Outwoods Clo. *West* —1H **9**
Oval, The. *Staf* —3F **13**
Overhill Rd. *Staf* —1B **20**
Overland Clo. *Bre* —6F **23**
Overpool Clo. *Rug* —4C **22**
Owens Clo. *Rug* —3D **22**
Owen Wlk. *Staf* —6C **12**
Oxbarn Rd. *Staf* —1D **18**
Oxford Gdns. *Staf* —6E **7**
Oxleathers Ct. *Staf* —6B **12**

Paddock Clo. *Staf* —3B **6**
Paddock, The. *Seigh* —5E **5**
Paget Clo. *L Hay* —5F **17**
Paget Clo. *Penk* —4D **24**
Palmer Clo. *Staf* —1H **13**
Panton Clo. *Staf* —1H **13**
Pantulf Clo. *Staf* —4B **12**
Park Av. *Staf* —5D **12**
Park Av. *Stone* —3A **2**
Park Cres. *Staf* —4E **13**
Parker's Cft. Rd. *Staf* —3E **13**
Parkfield Bus. Cen. *Staf* —3E **13**
  (off Park St.)
Parkfields. *Staf* —5D **12**
Pk. Hall Clo. *Rug* —1C **22**
Park Ho. Dri. *Stone* —4E **3**
Park La. *Broc* —3F **21**
Park La. *Hau* —6C **10**
Parkside Av. *Staf* —2C **6**
Parkside Shop. Cen. *Staf* —3D **6**
Park St. *Staf* —3E **13**
Pk. View Ter. *Rug* —3C **22**
Parkway. *Stone* —4E **3**
Peach Av. *Staf* —1F **19**
Peakes Rd. *Rug* —3A **22**
Pearson Dri. *Stone* —3E **3**
Peel St. *Staf* —2D **12**
Peel Ter. *Staf* —6E **7**
Pellfield Ct. *West* —1H **9**
Pembroke Dri. *Stone* —4E **3**
Penk Dri. N. *Rug* —2A **22**
Penk Dri. S. *Rug* —3A **22**
Penkridge Bank Rd. *Rug* —5A **22**
Penkridge Ind. Est. *Penk* —4B **24**
Penkvale Rd. *Staf* —1F **19**
Penn Cft. *L Hay* —5F **17**
Pennycrofts. *Staf* —2F **13**
Pennycrofts Ct. *Staf* —2F **13**
Perle Brook. *Ecc* —1A **4**
Perrin Clo. *Staf* —1F **19**
Peter James Ct. *Staf* —6E **7**
Phillips Clo. *Stone* —4F **3**
Phoenix Clo. *Rug* —3E **23**
Pike Clo. *Staf* —6G **7**
Pilgrim Pl. *Staf* —3E **13**
Pilgrim St. *Staf* —3E **13**
Pillaton Clo. *Penk* —4C **24**
Pine Cres. *Staf* —1D **20**
Pine Vw. *Rug* —1B **22**
Pinewood Dri. *L Hay* —5F **17**
Pinfold La. *Penk* —3A **24**
Pingle La. *Bed* —6D **20**
Pingle La. *Stone* —4D **2**
Pingle, The. *Rug* —5A **22**

Pintail Clo. *Staf* —6G **13**
Pippins, The. *Staf* —2E **19**
Pirehill La. *Stone* —6B **2**
Pitstone Clo. *Staf* —2D **6**
Pitt St. *Staf* —5C **6**
Plant Cres. *Staf* —6F **13**
Plovers Ri. *Rug* —3C **22**
Pool La. *Broc* —4F **21**
Pool Mdw. Clo. *Rug* —4C **22**
Pope Gdns. *Staf* —6C **12**
Poplar Clo. *Ecc* —2B **4**
Poplar Clo. *Hau* —5C **10**
Poplar Clo. *Stone* —4B **2**
Poplar Way. *Staf* —1E **19**
Porlock Av. *Staf* —5B **14**
Portal Rd. *Staf* —6H **7**
Portleven Clo. *Staf* —6C **14**
Portobello. *Rug* —2D **22**
Post Office La. *Rug* —5A **22**
Power Sta. Rd. *Rug* —2E **23**
Prescott La. *Staf* —1G **13**
Prescott Dri. *Penk* —2D **24**
Preston Va. La. *Penk* —2A **24**
Prestwood Ct. *Staf* —4E **13**
Prince Av. *Hau* —6D **10**
Princefield Av. *Penk* —3C **24**
Princess Pl. *Staf* —6E **7**
Princes St. *Staf* —2E **13**
Prince's St. *Stone* —1C **2**
Priory Dri. *L Hay* —5F **17**
Priory Rd. *Rug* —6B **22**
Priory Rd. *Stone* —3D **2**
Priory Wlk. *Stone* —4D **2**
Prospect Rd. *Staf* —1F **13**
Puddle Hill. *Hixon* —1H **17**
Pulteney Dri. *Staf* —5B **6**
Pump La. *Rug* —1B **22**
Pyrus Gro. *Rug* —6C **22**

Quarry Clo. *Rug* —4A **22**
Queens Retail Pk. *Staf* —4G **13**
Queen's Sq. *Stone* —1C **2**
Queen St. *Rug* —4E **23**
Queensville. *Staf* —4G **13**
  (in two parts)
Queensville Av. *Staf* —4G **13**
Queensville Bri. *Staf* —4G **13**
Queensway. *Rug* —5D **22**
Queensway. *Staf* —1E **13**

Radford Bank. *Staf* —5H **13**
Radford Clo. *Stone* —2C **2**
Radford Ri. *Staf* —5A **14**
Radford St. *Stone* —2C **2**
Radstock Clo. *Staf* —1B **20**
Railway Cotts. *Rug* —6A **22**
Railway St. *Staf* —2D **12**
Ralph Ct. *Staf* —5B **12**
Rambleford Way. *Staf* —3D **6**
Ranger's Wlk. *Rug* —3A **22**
Ravenhill Clo. *Rug* —6E **23**
Ravenhill Ter. *Rug* —5E **23**
Ravensbank Pk. Mobile Home Pk.
  Hopt —1B **8**
Ravenslea Rd. *Rug* —6E **23**
Ravenswood Crest. *Staf* —6A **14**
Read Av. *Staf* —6F **7**
Reason Rd. *Staf* —2E **19**
Rectory Ct. *Staf* —3D **12**
Rectory La. *Hau* —5D **10**
Redbrook La. *Rug* —6A **22**
  (in two parts)
Redbrook La. Ind. Est. *Rug*
  —6E **23**
Redfern Rd. *Stone* —6B **2**
Redgrave Dri. *Staf* —2B **12**
Redhill. *Staf* —3C **6**

Redhill Gdns. *Stone* —3D **2**
Redhill Gorse. *Staf* —3C **6**
Redhill Rd. *Stone* —3D **2**
Redhills. *Ecc* —2C **4**
Redlands, The. *Stone* —4E **3**
Red Lion St. *Staf* —1E **13**
Redmond Clo. *Rug* —2B **22**
Redwood Av. *Stone* —5D **2**
Regency Ct. *Rug* —6G **23**
Regent St. *Oul* —2B **2**
Rendermore Clo. *Penk* —4B **24**
Repton Clo. *Staf* —4H **13**
Reva Rd. *Staf* —5E **13**
Rhein Way. *Staf* —5G **13**
Richards Av. *Staf* —1G **13**
Richfield La. *Bed* —6D **20**
Richmond Clo. *Staf* —6E **13**
Richmond Gro. *Stone* —4C **2**
Rickerscote Av. *Staf* —1G **19**
Rickerscote Hall La. *Staf*
  —2G **19**
Rickerscote Rd. *Staf* —1E **19**
Rider's Way. *Rug* —3A **22**
Ridge Cft. *Stone* —4E **3**
Ridge La. *L Hay* —5F **17**
Ridgemont Ct. *Stone* —4E **3**
Ridge Pl. *Staf* —6A **6**
Ridgeway. *Hixon* —2H **17**
Ridgeway Clo. *Hopt* —3A **8**
Ridgeway Clo. *Hyde L* —2C **18**
Ridgeway, The. *Staf* —6A **6**
Rimbach Dri. *L Hay* —5F **17**
Ring, The. *L Hay* —4E **17**
Ripon Dri. *Staf* —6A **14**
Rise, The. *Rug* —6E **23**
Rise, The. *Staf* —6C **14**
Rishworth Av. *Rug* —2D **22**
Rising Brook. *Staf* —6D **12**
Riverside. *Staf* —2E **13**
Riverside Ind. Est. *Rug* —2E **23**
Riversmeade Way. *Staf* —6A **6**
Riverway. *Staf* —3F **13**
River Way. *Stone* —4C **2**
Robinswood. *Staf* —1A **20**
Rockeries, The. *Staf* —1G **19**
Rockhouse Dri. *Gt Hay* —4D **16**
Rodbaston Dri. *Penk* —6A **24**
Roedean Av. *Staf* —5H **13**
Romford Mdw. *Ecc* —2A **4**
Romford Rd. *Staf* —5E **7**
Romney Dri. *Staf* —1B **12**
Rookswood Copse. *Staf* —1A **20**
Roseford La. *Act T* —4G **19**
Rose Hill. *Staf* —2B **12**
Rosemary Av. *Staf* —2F **19**
Rose Way. *Rug* —2B **22**
Rotherwood Dri. *Staf* —4C **12**
Rouse Clo. *Staf* —3B **12**
Rowan Clo. *Stone* —5D **2**
Rowan Glade. *Staf* —1A **20**
Rowley Av. *Staf* —4D **12**
Rowley Bank. *Staf* —5E **13**
Rowley Bank Gdns. *Staf* —5E **13**
Rowley Clo. *Rug* —6F **23**
Rowley Gro. *Staf* —5E **13**
Rowley Hall Clo. *Staf* —5D **12**
Rowley Hall Dri. *Staf* —5C **12**
Rowley St. *Staf* —6D **6**
Royds Clo. *Hau* —5C **10**
Ruffin Ct. *Stone* —4E **3**
Rugeley Eastern By-Pass. *Rug*
  —1D **22**
Rugeley Rd. *Arm* —6H **23**
Runnymede. *Stone* —5C **2**
Ruskin Dri. *Derr* —3G **11**
Russel St. *Staf* —2D **12**
Russetts, The. *Staf* —1F **19**
Rutherglen Clo. *Rug* —3B **22**
Rutland Av. *Rug* —6C **22**

Rydall Ho. *Staf* —2F **13**
Rye Ct. *Staf* —6A **6**

Sabine St. *Staf* —4F **13**
Sadler Av. *Stone* —4E **3**
St Albans Rd. *Staf* —4E **7**
St Andrews Rd. *Staf* —6C **12**
St Anthonys Clo. *Rug* —4E **23**
St Augustine's Rd. *Rug* —6D **22**
St Austell Clo. *Staf* —5B **14**
St Benedicts Dri. *L Hay* —5F **17**
St Chads Clo. *L Hay* —6F **17**
St Chad's Clo. *Stone* —5E **3**
St Chad's Pl. *Staf* —2E **13**
St Chads Rd. *Ecc* —2A **4**
St Davids Rd. *Staf* —6D **12**
St Edwards Grn. *Rug* —5D **22**
St George's Rd. *Staf* —3G **13**
St George's Rd. *Stone* —3D **2**
St Giles Gro. *Hau* —5D **10**
St Ives Clo. *Staf* —5B **14**
St James Cres. *Act T* —6H **19**
St John's Clo. *Rug* —4B **22**
St John's Rd. *Staf* —5D **12**
St John's Wlk. *Staf* —2G **13**
(off Tithe Barn Rd.,
in three parts)
St Leonard's Av. *Staf* —4G **13**
St Martin's Pl. *Staf* —2E **13**
St Mary's Ga. *Staf* —2E **13**
St Mary's Gro. *Staf* —2E **13**
St Mary's Pl. *Staf* —2E **13**
St Marys Rd. *L Hay* —6F **17**
St Matthews Dri. *Derr* —3F **11**
St Mawes Clo. *Staf* —5B **14**
St Michael's Clo. *Penk* —3B **24**
St Michael's Clo. *Staf* —5C **14**
St Michaels Clo. *Stone* —3C **2**
St Michael's Dri. *Rug* —6A **22**
St Michael's Mt. *Stone* —5E **3**
St Michael's Rd. *Penk* —2B **24**
St Michael's Rd. *Rug* —6A **22**
St Michael's Sq. *Penk* —2B **24**
St Modwena Way. *Penk* —4C **24**
St Patrick's Pl. *Staf* —1E **13**
(off St Patrick's St.)
St Patrick's St. *Staf* —1D **12**
St Pauls Rd. *Rug* —4E **23**
St Peter's Clo. *Staf* —1F **19**
St Peter's Gdns. *Staf* —2E **19**
St Thomas La. *Tix* —2B **14**
St Thomas St. *Staf* —2G **13**
St Vincent Rd. *Stone* —3A **2**
Salcombe Av. *Staf* —5B **14**
Calisbury Dri. *Staf* —1H **13**
Salisbury Rd. *Staf* —1H **13**
Salmond Av. *Staf* —1H **13**
Salt Av. *Staf* —4E **13**
Salter St. *Staf* —2E **13**
Saltheath La. *Salt* —1C **8**
Saltings Res. Mobile Home Pk.,
The. *Staf* —3B **14**
Salt Rd. *Staf* —4E **13**
Salt Works La. *West* —1H **9**
Sandalwood Dri. *Staf* —6E **7**
Sandon M. *Staf* —5F **7**
Sandon Rd. *Hopt* —3F **7**
Sandon Rd. *Staf* —6E **7**
Sandown Cft. *Staf* —3D **12**
Sandringham Clo. *Staf* —5A **14**
Sandringham Rd. *Staf* —5A **14**
Sandyford St. *Staf* —6E **7**
Sandy La. *Rug* —5D **22**
Sankey Cres. *Rug* —5D **22**
Saplings Clo. *Penk* —2C **24**
Saplings, The. *Penk* —2C **24**
Sarah Challinor Clo. *Rug* —4D **22**
Sash St. *Staf* —1D **12**

Savoureuse Dri. *Staf* —5G **13**
Sawpit La. *Broc* —4E **21**
Saxifrage Dri. *Stone* —5E **3**
Saxon Rd. *Penk* —3C **24**
Sayers Rd. *Staf* —4C **6**
School La. *Duns* —6F **19**
School La. *Gt Hay* —3D **16**
School La. *Staf* —2F **19**
School La. *Walt* —1D **20**
School La. Clo. *Staf* —2F **19**
School Pl. *Staf* —6E **7**
School Rd. *Ecc* —2A **4**
School Rd. *Rug* —2C **22**
Seabrooke Rd. *Rug* —6A **22**
Searle Av. *Staf* —2C **12**
Seaton Av. *Staf* —5C **14**
Second Av. *Staf* —4B **6**
Seighford Rd. *Seigh* —5E **5**
Selworthy Dri. *Staf* —1C **20**
Selwyn Ct. *Ecc* —1B **4**
(off Castle St.)
Setterfield Way. *Rug* —6E **23**
Shaftsbury Rd. *Rug* —6D **22**
Shakespeare Rd. *Staf* —5C **12**
Shallowford M. *Staf* —6D **6**
Shannon Rd. *Staf* —1D **18**
Shardlow Clo. *Stone* —5E **3**
Sharnbrook Dri. *Rug* —2B **22**
Sharnbrook Gro. *Staf* —1A **20**
Shaw Gdns. *Staf* —6C **12**
Shawman's La. *Hau* —5A **10**
Shawms Crest. *Staf* —5A **14**
Shaws La. *Ecc* —2A **4**
Shebdon Clo. *Staf* —4B **6**
Sheep Fair. *Rug* —3D **22**
Shelley Clo. *L Hay* —5F **17**
Shelley Clo. *Staf* —6G **7**
Shelmore Clo. *Staf* —3B **6**
Shelsley Clo. *Penk* —2D **24**
Shenley Gro. *Staf* —1D **18**
Shephard Clo. *Gt Hay* —2D **16**
Shepherds Bush St. *Staf* —6E **7**
Shepherds Fold. *Staf* —1A **20**
Shepley Clo. *Stone* —4E **3**
Sherbrook Clo. *Broc* —4E **21**
Sheridan Cen. *Staf* —2E **13**
(off Mount Row)
Sheridan St. *Staf* —1F **13**
Sheridan Way. *Stone* —4F **3**
Sheriffs Way. *Ecc* —1A **4**
Sheringham Covert. *Staf* —1A **14**
Sheringham Dri. *Rug* —2A **22**
Sherwood Av. *Staf* —6E **13**
Shipston Rd. *Staf* —4B **14**
Shireoaks Dri. *Staf* — 1A **20**
Shooting Butts Rd. *Rug* —3A **22**
Shrewsbury Rd. *Staf* —4E **13**
Shrubbery, The. *Rug* —6G **23**
Shugborough Rd. *Rug* —1B **22**
Sidings Rd. *Stone* —1A **2**
Sidmouth Av. *Staf* —5B **14**
Sidney Av. *Staf* —6F **13**
Siemens Rd. *Staf* —4E **13**
Silkmore Cres. *Staf* —5G **13**
Silkmore La. *Staf* —1F **19**
(in two parts)
Silverthorn Way. *Staf* —6A **14**
Silvester Way. *Staf* —1C **20**
Simeon Way. *Stone* —5E **3**
Simpson Clo. *Staf* —4B **6**
Slaidburn Gro. *Staf* —6A **14**
Slessor Rd. *Staf* —6G **7**
Slitting Mill Rd. *Rug* —5A **22**
Small La. *Ecc* —1B **4**
Smallman St. *Staf* —1F **13**
Smithy La. *Hixon* —2H **17**
Smithy La. *Seigh* —5D **4**
Snead Clo. *Staf* —1A **14**
Sneydlands. *Rug* —3E **23**

Snow Hill. *Staf* —1E **13**
Snows Yd. *Staf* —1D **12**
Somerset Av. *Rug* —6C **22**
Somerset Rd. *Staf* —6C **12**
Somervale. *Staf* —1A **20**
Somerville Sq. *Staf* —1F **19**
Southfields Clo. *Staf* —2D **18**
Southfields Rd. *Staf* —1D **18**
South St. *Staf* —2D **12**
South Walls. *Staf* —2E **13**
Southwell Est. *Ecc* —2B **4**
Sparrow Clo. *L Hay* —5F **17**
Speechly Dri. *Rug* —2C **22**
Spencer Clo. *West* —1G **9**
Spenser Clo. *Staf* —5C **12**
Spinneyfields. *Staf* —2B **20**
Spode Av. *Staf* —3H **7**
Spreadoaks Dri. *Staf* —2B **20**
Sprengers Clo. *Penk* —2D **24**
Springfield Av. *Rug* —5E **23**
Springfield Dri. *Staf* —2E **19**
Springfield Est. *Staf* —1C **22**
Springfields Rd. *Rug* —1C **22**
Spring Gdns. *Stone* —6C **2**
Springhill Ter. *Rug* —6E **23**
Springvale Ri. *Staf* —3D **6**
Springwood Dri. *Stone* —4F **3**
Spruce Wlk. *Rug* —1B **22**
Square, The. *Derr* —3F **11**
Square, The. *Gt Hay* —3D **16**
Squirrel Wlk. *Staf* —3E **19**
Stables, The. *Gt Hay* —3D **16**
Stafford Brook Rd. *Rug* —2A **22**
Stafford Clo. *Stone* —4C **2**
Stafford Rd. *Ecc* —2B **4**
Stafford Rd. *Penk* —1B **24**
Stafford Rd. *Stone* —4C **2**
Stafford Rd. *West* —1F **9**
Staffordshire Technology Pk. *Staf*
—6A **8**
Stafford St. *Ecc* —1B **4**
Stafford St. *Staf* —2E **13**
Stafford St. *Stone* —3C **2**
Stag Clo. *Rug* —3A **22**
Staines Ct. *Stone* —4E **3**
Stanford Clo. *Penk* —2B **24**
Stanway Ct. *Staf* —6F **7**
Station App. *Stone* —2B **2**
Station Rd. *Hau* —6A **10**
Station Rd. *Penk* —2B **24**
Station Rd. *Rug* —3D **22**
Station Rd. *Staf* —3D **12**
Station Rd. *Stone* —2B **2**
Steadman Cres. *Staf* —1E **19**
Stevenson Dri. *Staf* —6C **12**
Stile Clo. *Rug* —6E **23**
Stile Cop Rd. *Rug* —6C **22**
Stocking-Gate La. *Cot C* —4B **10**
Stockton La. *Staf* —6C **14**
Stone Bus. Pk. *Stone* —6D **2**
Stone Cross. *Penk* —2B **24**
Stone Enterprise Cen. *Stone*
—6D **2**
Stonefield M. *Stone* —2B **2**
Stonefield Sq. *Stone* —2C **2**
Stonehouse Rd. *Rug* —4A **22**
Stoneleigh Ct. *Hyde L* —2C **18** .
Stonepine Clo. *Staf* —1A **20**
Stone Rd. *Ecc* —1B **4**
Stone Rd. *Staf* —6D **6**
Stowe La. *Hixon* —1H **17**
Streamside Clo. *Penk* —3C **24**
Stretton Av. *Staf* —5B **6**
Stuart Clo. *Stone* —6B **2**
Stuart Clo. N. *Stone* —6B **2**
Stubbs Dri. *Stone* —4F **3**
Stychfields. *Staf* —4F **13**
Summerstreet La. *Stone* —1H **3**
Sundown Dri. *Staf* —5A **12**

Sunningdale. *Stone* —4C **2**
Sunningdale Dri. *Staf* —2A **14**
Surrey Clo. *Rug* —6C **22**
Surrey Rd. *Staf* —5C **12**
Sutherland Rd. *Stone* —4D **2**
Sutton Clo. *Rug* —6E **23**
Sutton Dri. *Staf* —1A **12**
Swallow Clo. *Rug* —2C **22**
Swallowdale. *Staf* —1B **20**
Swan Clo. *Rug* —6A **22**
Swan Clo. *Staf* —3C **12**
Sweetbriar Way. *Staf* —1A **20**
Swinburne Clo. *Staf* —5C **12**
Sycamore Cres. *Rug* —6F **23**
Sycamore Dri. *Hixon* —2H **17**
Sycamore La. *Staf* —6B **12**
Sycamore Rd. *Stone* —3D **2**
Sylvan Way. *Staf* —2A **20**

Talbot Rd. *Rug* —6E **23**
Talbot Rd. *Staf* —4E **13**
Talbot St. *Rug* —4E **23**
Tallpines. *Staf* —6A **14**
Tamar Gro. *Staf* —5B **12**
Tannery Clo. *Rug* —3E **23**
Tannery Wlk. *Stone* —5C **2**
Taplin Clo. *Staf* —4D **6**
Tarragona Dri. *Staf* —5G **13**
Tasman Dri. *Staf* —6H **7**
Taverners Dri. *Stone* —5F **3**
Tavistock Av. *Staf* —4B **14**
Taylor's La. *Rug* —3D **22**
Taylor Wlk. *Staf* —6C **12**
Tedder Rd. *Staf* —6G **7**
Teddesley Rd. *Bed* —6A **20**
Teddesley Rd. *Penk* —2B **24**
Telegraph St. *Staf* —4E **13**
Telford Clo. *Stone* —5E **3**
Telford Dri. *Staf* —3F **7**
Templars Way. *Penk* —4C **24**
Ten Butts Cres. *Staf* —2F **19**
Tenby Dri. *Staf* —4F **7**
Tennyson Rd. *Staf* —5B **12**
Tenterbanks. *Staf* —2D **12**
Teveray Dri. *Penk* —4C **24**
Thackeray Wlk. *Staf* —6C **12**
Thames Way. *Staf* —5B **12**
Thirlmere Way. *Staf* —6E **13**
Thistle Clo. *Rug* —2B **22**
Thomas Av. *Staf* —2C **12**
Thomas Av. *Stone* —5E **3**
Thompson Clo. *Staf* —6C **12**
Thompcon Rd. *Rug* —6B **22**
Thorn Clo. *Rug* —2C **22**
Thorneyfields La. *Staf* —5A **12**
(in two parts)
Tilcon Av. *Staf* —3A **14**
Tildesley Clo. *Penk* —3B **24**
Tilling Dri. *Stone* —4D **2**
Tillington St. *Staf* —6D **6**
Tipping St. *Staf* —2E **13**
Tithe Barn Ct. *Staf* —1G **13**
Tithebarn Rd. *Rug* —2D **22**
Tithe Barn Rd. *Staf* —2G **13**
Tiverton Av. *Staf* —5B **14**
Tixall Ct. *Tix* —2A **16**
Tixall M. *Tix* —2H **15**
Tixall Rd. *Staf* —2G **13**
Tolldish La. *Gt Hay* —2E **17**
Tollgate Dri. *Staf* —4F **7**
Tollgate Ind. Est. *Staf* —3F **7**
(in two parts)
Top Rd. *Act T* —6H **19**
Torridge Dri. *Staf* —5B **12**
Torrington Av. *Staf* —5C **14**
Toy Clo. *Rug* —3C **22**
Treetops. *Staf* —6A **14**
Trenchard Av. *Staf* —1G **13**

Trent Clo. *Gt Hay* —3D **16**
Trent Clo. *Staf* —1F **19**
Trent La. *Gt Hay* —3D **16**
Trent Rd. *Stone* —2A **2**
Trent Valley Trad. Est. *Rug*
  —1E **23**
Trent Vw. Clo. *Rug* —5F **23**
Trent Wlk. *Ing* —4H **9**
Trevelyan's Grn. *Staf* —3C **6**
Trinity Dri. *Stone* —2B **2**
Trinity Gorse. *Staf* —3B **6**
Trinity Ri. *Staf* —3B **6**
Trinity Rd. *Ecc* —2A **4**
Trubshaw Clo. *L Hay* —5G **17**
Trussell Clo. *Rug* —6G **19**
Tudor Clo. *Stone* —5B **2**
Tudor Ri. *Staf* —3C **6**
Tudor Way. *Staf* —4B **12**
Tullis Clo. *Staf* —3C **12**
Tunley St. *Stone* —2B **2**
Tunnicliffe Dri. *Rug* —3C **22**
Turney Gro. *Staf* —5C **12**
Turnhill Clo. *Staf* —1C **18**
Twemlow Clo. *Derr* —3F **11**
Tylecote Cres. *Gt Hay* —3D **16**
Tyler Gro. *Stone* —4A **2**
Tyria Way. *Staf* —5G **13**

Ullswater Dri. *Stone* —3F **3**
Underwood Clo. *Staf* —3C **6**
University Ct. *Staf* —6A **8**
Upfield Way. *Rug* —2B **22**
Uplands Clo. *Penk* —1B **24**
Uplands Grn. *Rug* —6C **22**
Uplands Rd. *Staf* —1D **18**
Uplands, The. *Gt Hay* —3D **16**
Upmeadows Dri. *Staf* —4B **12**
Up. Brook St. *Rug* —4D **22**
Up. Cross Rd. *Rug* —5D **22**
Upton Pl. *Rug* —3C **22**
Usulwall Clo. *Ecc* —2A **4**
Uttoxeter Rd. *Stone* —5F **3**

Vale Gdns. *Penk* —4B **24**
Vale Ri. *Penk* —3B **24**
Valley Rd. *Stone* —4C **2**
Varden Ct. *Rug* —3D **22**
Vardon Clo. *Staf* —2A **14**
Vaughan Way. *Staf* —4B **12**
Verdon Clo. *Penk* —4D **24**
Verulam Ct. *Staf* —4E **7**
Verulam Rd. *Staf* —4E **7**
Verwood Clo. *Staf* —1A **14**
Vicarage Clo. *Ecc* —1A **4**

Vicarage Way. *Staf* —4D **12**
Vicars Cft. *Rug* —2E **23**
Victoria Rd. *Staf* —3D **12**
Victoria Sq. *Staf* —2D **12**
Victoria St. *Staf* —1E **13**
Victoria St. *Stone* —2C **2**
Victoria Ter. *Staf* —6E **7**
Victoria Way. *Staf* —2C **20**
Victor St. *Stone* —2B **2**
Vigar Pl. *Staf* —1F **19**
Village Gdns. *Staf* —6D **14**
Village, The. *Walt* —1D **20**
Vine Clo. *Hixon* —2G **17**
Virginia Av. *Staf* —5G **13**

Walden Av. *Staf* —5D **6**
Walhouse Dri. *Penk* —4C **24**
Walland Gro. *Staf* —1B **12**
Walnut Ct. *Rug* —6F **23**
Walnut Cres. *Hixon* —2H **17**
Waltonbury Clo. *Walt* —1D **20**
Walton Grange. *Stone* —4C **2**
Walton Ind. Est. *Stone* —5C **2**
(in two parts)
Walton La. *Broc* —2E **21**
Walton Lodge. *Walt* —1D **20**
Walton Mead Clo. *Staf* —6D **14**
Walton Way. *Stone* —4B **2**
Warm Cft. *Stone* —4E **3**
Warrens La. *Staf* —5B **6**
Warwick Rd. *Staf* —5H **13**
Washington Dri. *Staf* —5G **13**
Waterbrook Clo. *Penk* —4B **24**
Water Eaton La. *Penk* —4A **24**
Waterford Ct. Staf —6G 7
(off Elworthy Clo.)
Waterside. *Rug* —6E **23**
Waterside Bus. Pk. *Rug* —6G **23**
Watersmeet Ct. *Stone* —5E **3**
Water St. *Staf* —2E **13**
Watery La. *Hau* —6D **10**
Watkiss Dri. *Rug* —3C **22**
Watson Clo. *Rug* —1C **22**
Wattfield Clo. *Rug* —6A **22**
Wattles La. *Act T* —6H **19**
Wat Tyler Clo. *Rug* —1C **22**
Waverley Gdns. *Rug* —2A **22**
Wayfield Dri. *Staf* —3D **6**
Weaver Dri. *Staf* —5B **12**
Weavers La. *Stone* —5D **2**
Wedgwood Rd. *Hopt* —3H **7**
Weeping Cross. *Staf* —6B **14**
Wellington Dri. *Rug* —4E **23**
Wells Dri. *Staf* —1C **20**
Wellyards Clo. *West* —1H **9**

Wentworth Dri. *Staf* —2A **14**
Wesley Dri. *Stone* —5E **3**
Westbury Hayes. *Staf* —5A **12**
W. Butts Rd. *Rug* —3A **22**
West Clo. *Staf* —2G **13**
West Clo. *Stone* —4B **2**
W. Douglas Rd. *Staf* —6G **7**
Western Springs Rd. *Rug*
  —2C **22**
Westhead Av. *Staf* —1G **13**
Westhorpe. *Staf* —4D **12**
Westminster Clo. *Staf* —5A **14**
Weston Bank. *Hopt* —3D **8**
Weston Rd. *Staf* —2G **13**
West Way. *Staf* —4C **12**
W. Way Grn. *Staf* —5C **12**
Westwood Dri. *Penk* —3C **24**
Wetherall Clo. *Rug* —2C **22**
Wharf Rd. *Rug* —5D **22**
Wheatcroft Clo. *Penk* —3B **24**
Whimster Sq. *Staf* —1C **14**
Whitby Clo. *Staf* —6C **12**
Whitebridge La. *Stone* —1A **2**
Whitebridge La. Ind. Est. *Stone*
  —1A **2**
White Lion St. *Staf* —3E **13**
Whitemill La. *Stone* —4B **2**
White Oaks. *Staf* —2A **20**
Whitgreave Ct. *Staf* —6D **6**
Whitgreave La. *Gt Bri* —1E **5**
Whitgreave La. *Rug* —6D **22**
Whittingham Dri. *Staf* —5B **12**
Whitworth La. *Rug* —2A **22**
Widecombe Av. *Staf* —6C **14**
Wildwood Dri. *Staf* —6A **14**
Wildwood Ga. *Staf* —1B **20**
Wildwood Lawns. *Staf* —6A **14**
Wildwood Shop. Cen. Staf
  (off Wildwood Ga.) —1B **20**
Wilke's Wood. *Staf* —3H **5**
William Morris Ct. *Rug* —1C **22**
Williams Clo. *Staf* —2B **12**
Williams Ct. *Staf* —4F **7**
Willoughby Clo. *Penk* —4C **24**
Willowbrook. *Derr* —3G **11**
Willow Clo. *Staf* —1D **20**
Willowmoor. *Staf* —2E **19**
Willow Rd. *Stone* —4D **2**
Willows, The. *Rug* —6A **22**
Willows, The. *Stone* —5D **2**
Willow Wlk. *Stone* —4D **2**
Wilmore Ct. *Hopt* —2B **8**
Wilmore Hill La. *Hopt* —2A **8**
Winchester Ct. *Staf* —1A **20**
Windermere Ho. *Staf* —2F **13**
Windsor Clo. *Stone* —6B **2**

Windsor Rd. *Staf* —6H **13**
Winsford Cres. *Staf* —1C **20**
Winstanley Clo. *Rug* —2C **22**
Winstanley Pl. *Rug* —2C **22**
Wiscombe Av. *Penk* —2C **24**
Within La. *Hopt* —1A **8**
Witney Rd. *Staf* —4B **14**
Wogan St. *Staf* —6E **7**
Wolgarston Way. *Penk* —4C **24**
Wolseley Clo. *Colw* —6G **17**
Wolseley Rd. *Rug* —1C **22**
Wolseley Rd. *Staf* —2A **14**
Wolverhampton Rd. *Penk*
  —4A **24**
Wolverhampton Rd. *Staf* —4E **13**
Woodbank La. *Penk* —1D **24**
Woodberry Clo. *Staf* —3F **19**
Woodcock Rd. *Rug* —3B **22**
Woodcote, The. *Staf* —6A **14**
Wood Cres. *Staf* —5B **6**
Wood Cres. *Stone* —6B **2**
Woodheyes Lawns. *Rug* —3B **22**
Woodhouse La. *Hau* —5A **10**
Woodings Yd. Staf —3E 13
(off Bailey St.)
Woodlands Av. *Stone* —3A **2**
Woodlands Clo. *Staf* —4C **6**
Woodlands Clo. *Stone* —3A **2**
Woodlands Rd. *Staf* —4B **6**
Wood La. *Stone* —6B **2**
Woodleyes Cres. *Staf* —1B **20**
Woodside Clo. *L Hay* —5F **17**
Woodstock Rd. *Staf* —4B **14**
Woodtherne Clo. *Penk* —3C **24**
Woodthorne Clo. *Rug* —2B **22**
Wood Vw. *Rug* —6E **23**
Wootton Dri. *Staf* —4A **6**
Wordsworth Av. *Staf* —5B **12**
Wrenswood. *Staf* —1A **20**
Wright St. *Staf* —6E **7**
Wulfad Ct. *Stone* —4E **3**
Wulfric Clo. *Penk* —3D **24**
Wycherwood Gdns. *Staf* —2B **20**

Yarlet Cft. *Staf* —5D **6**
Yarnfield La. *Stone* —3A **2**
Yelverton Av. *Staf* —5B **14**
Yew Tree Clo. *Derr* —3G **11**
Yew Tree Ct. *Staf* —3E **19**
Yew Tree Rd. *Rug* —6E **23**
York Rd. *Staf* —5G **13**
York St. *Stone* —1C **2**
Young Av. *Staf* —5C **6**